Carsten G. Ullrich, Daniela Schiek
Forumsdiskussionen

Carsten G. Ullrich, Daniela Schiek

Forums-
diskussionen

Untersuchung zu einem neuen
qualitativen Forschungsinstrument

DE GRUYTER
OLDENBOURG

ISBN 978-3-11-066588-8
e-ISBN (PDF) 978-3-11-066598-7
e-ISBN (EPUB) 978-3-11-066632-8

Library of Congress Control Number: 2019946078

Bibliografische Information der Deutschen Nationalbibliothek
Die Deutsche Nationalbibliothek verzeichnet diese Publikation in der Deutschen
Nationalbibliografie; detaillierte bibliografische Daten sind im Internet über
http://dnb.dnb.de abrufbar.

Umschlaggestaltung: Guy Lambrechts / 500px / gettyimages.com
Satz: le-tex publishing services GmbH, Leipzig
Druck und Bindung: CPI books GmbH, Leck

www.degruyter.com

Vorwort und Einleitung

Oft genug stehen Sozialforscherinnen und Sozialforscher vor scheinbar fast unlösbaren Problemen, wenn sie einen Zugang zu sozialen Lebenswelten suchen. Die empirische Sozialforschung insgesamt und die qualitative Sozialforschung im Besonderen sind daher gut beraten, neue Wege für die Forschung nicht nur zu suchen, sondern auch zu beschreiten. Dies ist aber immer auch mit dem Risiko verbunden, auf Holzwege, in Sackgassen oder auf Abwege zu geraten. So erzeugen sichtbar neue Optionen genauso häufig Euphorie wie Verunsicherung.

Für kaum einen Bereich dürfte dies so zutreffen wie für Online-Medien. Diese sind spätestens mit dem „Web 2.0" immer wieder für die Forschung propagiert worden, ohne dass dies zu einem tatsächlichen Durchbruch der Online-Forschung geführt hätte – zu groß scheinen dann doch oft die Hürden, will man nicht wieder hinter einmal erreichte Qualitätsstandards zurückfallen. Dennoch ist ein allmähliches Wachstum der Online-Forschung zu beobachten: zuerst als neuer und überaus facetten- und materialreicher Gegenstand, dann aber auch immer mehr als Ort und Medium der Datengewinnung.

Die vorliegende Arbeit befasst sich nun mit einem Bereich der Online-Forschung, der auch heute noch nur wenig und sehr zaghaft genutzt wird, nämlich mit sogenannten Forumsdiskussionen. Forumsdiskussionen, zumindest wird dieser Begriff hier so verwendet, sind online in Internet- oder Webforen (auch Bulletin Boards oder Message Boards) durchgeführte Gruppendiskussionen. Sie unterscheiden sich in ihren Merkmalen und Bedingungen nicht nur von „normalen" (face to face durchgeführten) Gruppendiskussionen, sondern auch von anderen mediatisierten Formen wie Chats oder Videokonferenzen.

Im Mittelpunkt steht im Folgenden die Frage, ob, wie und für welche Aufgaben Forumsdiskussionen in der qualitativen Sozialforschung sinnvoll zur Datengewinnung eingesetzt werden können. Dazu werden neben methodologischen Überlegungen vor allem Ergebnisse aus dem Forschungsprojekt „Forumsdiskussionen im Internet als qualitatives Forschungsinstrument" vorgestellt. In diesem methodenexperimentell ausgerichteten Forschungsprojekt, das von 2015 bis 2017 von der Deutschen Forschungsgemeinschaft gefördert wurde (UL 186/7-1; SCHI 1184/3-1), wurden unterschiedlich gestaltete Forumsdiskussionen systematisch beobachtet und verglichen.

Die Durchführung dieses Forschungsvorhabens wäre ohne die Unterstützung vieler Personen und Institutionen nicht möglich gewesen. Ihnen allen soll an dieser Stelle gedankt werden. Zu allererst sind hier die vielen Studenten und Studentinnen unserer Universität zu nennen, die sich mehr oder weniger aktiv an den einzelnen Forumsdiskussionen als Diskutanten beteiligt haben. Darüber hinaus ist den Dekanen aller Fakultäten zu danken, die uns ihre E-Mail-Verteiler für die Gewinnung von Teilnehmer/-innen zu Verfügung gestellt haben. Gleiches gilt für die vielen Kolleginnen und Kollegen, die wir für „Werbezwecke" in ihren Lehrveranstaltungen aufsuchen durften.

https://doi.org/10.1515/9783110665987-201

Besonderer Dank gilt schließlich unseren ehemaligen Projektmitarbeiter/-innen und Wissenschaftlichen Hilfskräften – namentlich sind hier Sina Schadow, Christian Lukassen und Christina Schröder zu erwähnen –, ohne die die Durchführung eines solch aufwändigen Projektes undenkbar gewesen wäre. Insbesondere Christian Lukassen sei an dieser Stelle noch einmal herzlich für seine unermüdliche und unverzichtbare Unterstützung gedankt, die weit über das vertraglich gesicherte Maß hinausging.

Essen, Juli 2019   Carsten G. Ullrich
                                                            Daniela Schiek

Inhalt

Teil I: **Forumsdiskussionen als qualitatives Forschungsinstrument**

Im Projekt „Forumsdiskussionen im Internet als qualitatives Forschungsinstrument" wurde untersucht, welche methodische und methodologische Bedeutung Forumsdiskussionen (in Webforen online durchgeführte Gruppendiskussionen) für die qualitative Sozialforschung haben können. Dazu werden Ergebnisse eines Methodenexperiments vorgestellt, in dem spezifische Merkmale von Forumsdiskussionen systematisch verglichen und untersucht wurden.

Bevor die Ergebnisse dieser Studie im zweiten Teil dieser Arbeit ausführlich dargelegt werden können, ist zunächst zu klären, was Forumsdiskussionen sind und welche Besonderheiten diesen medialen Kommunikationstyp auszeichnen. Das folgende Kapitel wird sich daher damit befassen, wie sich Gruppendiskussionen in Webforen von anderen Gruppendiskussionen (insb. Face-to-Face-Gruppendiskussionen und Chatdiskussionen) unterscheiden. Dabei wird auch geklärt, welche Merkmale „online-typisch" und welche der besonderen Kommunikationsform Forumsdiskussion zuzurechnen sind. Dies soll primär die Spezifika von Forumsdiskussionen verdeutlichen, wird zugleich aber auch zeigen, wie sehr sich Forumsdiskussionen in einzelnen Merkmalen unterscheiden können. Auf Basis dieser methodologischen Analysen wird eine erste allgemeine Einschätzung des methodischen Potenzials von Forumsdiskussionen unternommen.

Im zweiten Kapitel werden dann das methodenexperimentelle Design und das gesamte methodische Vorgehen vorgestellt. Dafür werden die einzelnen Merkmale, die für Forumsdiskussionen typisch sind, erläutert und es wird ausführlich begründet, welche Merkmale von Forumsdiskussionen im Methodenexperiment berücksichtigt wurden. Breiten Raum nehmen hierbei die jeweiligen „Operationalisierungen" der einzelnen Merkmale und die Darlegung ihrer technischen Umsetzung ein. Schließlich werden im zweiten Kapitel die durchgeführten Forumsdiskussionen anhand ausgewählter Kriterien beschrieben und einige Eindrücke vom thematischen Verlauf der Diskussionen vermittelt.

1 Forumsdiskussionen: Kommunikationsmedium und methodische Implikationen

Während Online-Forschung schon seit Längerem als zukunftsweisend beschrieben wird (vgl. u. a. Lee et al. 2008; Welker/Matzat 2009), ist eine größere Verbreitung bisher jedoch vor allem in der Marktforschung festzustellen (vgl. u. a. Gaiser 2008; Zerback et al. 2009). Dagegen ist für den Bereich der sozialwissenschaftlichen Forschung, auch wenn hierzu bisher kaum gesicherte empirische Kenntnisse vorliegen, davon auszugehen, dass es sich bei der Online-Forschung um ein nach wie vor zartes Pflänzchen handelt. Dies gilt insbesondere für Formen von Online-Forschung, bei der im Unterschied zu (n)ethnografischen Beobachtungen von „Vorgängen" im Internet (vgl. u. a. Hine 2000; Kozinets 2009) Online-Medien zur aktiven Datengewinnung genutzt werden. Zu diesen gehören neben Online-Interviews vor allem auch Online-Gruppendiskussionen.[1]

1.1 Qualitative Online-Gruppendiskussionen: Merkmale und Typen

Online-Gruppendiskussionen sind Gruppendiskussionen, bei denen die Teilnehmer/-innen über Internetmedien miteinander verbunden sind und in der Regel alokal, also ohne sich am gleichen Ort zu befinden, kommunizieren. Nicht nur dadurch unterscheiden sich Online-Gruppendiskussionen von der „normalen", „klassischen" Form face to face durchgeführter Gruppendiskussionen womöglich weit mehr, als man angesichts der Terminologie und der Erwartung, Online-Gruppendiskussionen seien eine Alternative zur klassischen Form der Gruppendiskussion (so z. B. Bloor et al. 2001), meinen könnte (s. Tabelle 1.1).[2]

Dies betrifft bereits das Sampling bzw. die Rekrutierung. So gilt ein Haupteinwand gegen Online-Forschung der Selektivität der Teilnahme, die durch den Zugang zum Internet und technische Fertigkeiten begrenzt werde. Auf der anderen Seite können Online-Verfahren die Erreichbarkeit von Teilnehmer/-innen erhöhen. Durch die anonyme Erhebungssituation (keine Kopräsenz, kein Sichtkontakt, Verwendung von

---

[1] Das folgende Kapitel ist in Teilen eine überarbeite und gekürzte Fassung unserer früheren methodologischen Verortung von Forumsdiskussionen (Ullrich/Schiek 2014).

[2] Die im Folgenden und auch in den späteren empirischen Analysen wiederholte Gegenüberstellung von Online- bzw. Forumsdiskussion und Face-to-Face-Gruppendiskussionen bildet die Praxis der Gruppendiskussionen zwar weitestgehend ab, ist aber zumindest analytisch eine Vereinfachung. Denn neben online und in Face-to-Face-Situationen durchgeführten Gruppendiskussionen bestehen zumindest grundsätzlich (briefliche Diskussion) und manchmal auch praktisch (Videokonferenzen) andere mediale Optionen.

https://doi.org/10.1515/9783110665987-001

Tab. 1.1: Unterschiede zwischen Face-to-Face- und Online-Gruppendiskussionen (Quelle: eigene Darstellung)

Face-to-Face-Gruppendiskussion	synchrone Online-Gruppendiskussion (z. B. Chatdiskussion)	asynchrone Online-Gruppendiskussion (z. B. Forumsdiskussion)
Feldzugang; Sampling		
– begrenzte Gruppengröße – gezieltes Sampling – mit Ad-hoc- und Realgruppen möglich	– begrenzte Gruppengröße – geringe Sichtbarkeit (Pseudonymität) – Einbezug schwer erreichbarer Personen und sensibler Themen – gezieltes Sampling (auch offline) – mit Ad-hoc- und Realgruppen möglich	– potenziell hohe Teilnehmerzahl – geringe Sichtbarkeit (Anonymität) – Einbezug schwer erreichbarer Personen und sensibler Themen – gezieltes Sampling, außer bei offenen Forumsdiskussionen[a]
Durchführung; Gruppendynamik		
– feste Zeit und fester Ort; Kopräsenz – gute Steuerungsmöglichkeiten durch Diskussionsleitung – hohe Spontanität und Interaktivität – kurze mündliche Beiträge – oft hierarchische Diskussionsstruktur; ungleiche Beteiligung – Konsenstendenz	– zeit-, aber nicht ortsgebunden; Alokalität – geringere Steuerungsmöglichkeiten – z. T. sehr hohe Spontanität und Dynamik, aber eher geringe Interaktivität im Sinne wechselseitiger Bezugnahmen – eher kurze schriftliche Beiträge, auch multimodal – eher egalitäre Verteilung der Beiträge – oft konfliktreich	– zeit- und ortsflexibel; Alokalität – langer Zeitraum – geringe Steuerungsmöglichkeiten; hohe Selbstläufigkeit – geringe Spontanität – lange schriftliche und oft multimodale Beiträge – eher egalitäre Verteilung der Beiträge – diskontinuierliche Teilnahme – parallele Diskussionsstränge
Datenmaterial und Auswertung		
– Transkription – Anwendbarkeit etablierter Interpretationsverfahren	– keine Transkription – besondere Herausforderungen, u. a. durch mediumspezifische Vermengung von Schrift- und Mündlichkeit	– keine Transkription – besondere Herausforderungen, u. a. durch mediumspezifische Vermengung von Schrift- und Mündlichkeit und durch parallele Diskussionen

Anmerkung: Die Charakterisierung synchroner Online-Gruppendiskussionen bezieht sich nur auf die schriftliche und geschlossene Form.

[a] Forumsdiskussionen können auch „offen", d. h. ohne Begrenzung der Teilnehmerzahl, evtl. sogar ohne Kontrolle, wer teilnimmt, durchgeführt werden. In diesem Fall hat die Moderation dann nur noch einen geringen Einfluss auf das Sampling (so kann z. B. bei bestimmten Gruppen für eine Teilnahme geworben werden) und den Verlauf der Diskussion.

Pseudonymen usw.) und eine große zeitliche und räumliche Flexibilität werden zudem eine Teilnahme schwer erreich- und motivierbarer Personengruppen und die Behandlung sensibler Themen erleichtert.

Bei der Durchführung ist die Alokalität das vielleicht auffälligste Merkmal von Online-Gruppendiskussionen. Diese „Abwesenheit" (oder eher: verzögerte und ungleichzeitige Anwesenheit) der Beteiligten wird sich, so eine häufige Vermutung, auf die Form der Interaktion(en) und insbesondere auf deren Intensität auswirken. So wurde bereits mehrfach beobachtet, dass Online-Gruppendiskussionen im Vergleich zu Face-to-Face-Gruppendiskussionen eine schwächere Gruppendynamik aufweisen (vgl. Erdogan 2001; Graffigna/Bosio 2006; Schneider et al. 2002). Als Vorteil wird demgegenüber gesehen, dass die geschützte Online-Situation die Offenheit der Teilnehmer/-innen, ihre Bereitschaft erhöhe, von sich zu erzählen oder sich zu positionieren (vgl. Kelle et al. 2009: 192; Mann/Stewart 2000: 118 f.). Geringe Hemmschwellen können sich andererseits aber auch abträglich auf die Gruppendynamik auswirken, wenn es dadurch zu polemischen oder provozierenden Kommentaren kommt (Mann/Stewart 2000: 116 f.).

Hinsichtlich des Datenmaterials, das in Online-Gruppendiskussionen gewonnen wird, ist zunächst vorteilhaft, dass die schriftlichen Diskussionsbeiträge nicht mehr transkribiert werden müssen. Dieser Vorteil wird jedoch mit dem Fehlen para- und nonverbaler Informationen „erkauft". Wichtiger ist aber wohl der Charakter der Textproduktion. Hier unterscheiden sich die (meist) schriftlichen Beiträge in Online-Gruppendiskussionen in vielerlei Hinsicht von denen in Face-to-Face-Diskussionen. Als eine besondere Herausforderung kann dabei gelten, dass hier ganz neue Formen von Schrift- und Mündlichkeit und ganz neuartige „Mischungsverhältnisse" entstanden sind, die nicht nur Linguist/-innen irritieren[3], sondern auch zu einer neuen Datenform geführt haben, für die erst noch zu klären ist, wofür und wie sie fruchtbar für die Sozialforschung genutzt werden kann. Aufgrund dieser Besonderheiten ist davon auszugehen, dass Interpretationsregeln für die Analyse online durchgeführter Gruppendiskussionen zumindest angepasst werden müssen (vgl. Bergmann/Meier 2000).

Zwischen konventionellen und Online-Verfahren bestehen also sichtbare Unterschiede. Diese lassen sich jedoch nicht in dem Sinne als Defizitmodell interpretieren, dass Online-Gruppendiskussionen zwar eine feldspezifisch legitimierbare, aber in jedem Fall Face-to-Face-Gruppendiskussionen unterlegene Form der Datengewinnung sind. Ein Blick auf die schon jetzt bestehende Vielfalt von Online-Gruppendiskussionen macht zudem deutlich, dass die Unterschiede zwischen den verschiedenen Verfahren ebenfalls sehr groß sind.

Online-Gruppendiskussionen können anhand von vier zentralen Merkmalen unterschieden werden: Die erste wichtige Differenz ist die zwischen synchron und asyn-

---

3 Zur linguistischen Auseinandersetzung mit Online-Kommunikation vgl. u. a. Dürscheid (2005), Graßl (2014), Kilian (2001), Storrer (2001) und Ziegler (2002).

chron kommunizierenden Gruppendiskussionen. Bei synchronen Gruppendiskussionen erfolgt die Kommunikation in Echtzeit. Die Teilnehmer/-innen müssen sich zu einem bestimmten Termin verabreden und mittels eines dafür geeigneten Mediums (z. B. Chat) miteinander kommunizieren.[4] In asynchronen Online-Gruppendiskussionen erfolgen die Beiträge demgegenüber zeitversetzt. Hierfür geeignete Medien sind insbesondere Foren und Blogs.

Zweitens können Online-Gruppendiskussionen schriftlich als auch mündlich durchgeführt werden. Vorherrschend ist bei Online-Gruppendiskussionen aber eindeutig die (medial) schriftliche Form, was auch auf nach wie vor bestehende technische Hürden zurückzuführen ist. Die hier zentralen Forumsdiskussionen werden allerdings ausschließlich schriftlich durchgeführt (wären rein technisch aber auch mündlich möglich). Medial schriftliche Online-Gruppendiskussionen können wiederum nach den Restriktionen für das Verfassen von Beiträgen unterschieden werden, also ob längere Beiträge (wie in Webforen) oder nur kurze, SMS-ähnliche Äußerungen (z. B. in Mikroblogs) möglich sind.

Schließlich können Online-Gruppendiskussionen geschlossen (begrenzte und kontrollierte Teilnahme) oder offen (ohne Teilnahmebegrenzung oder -kontrolle) sowie öffentlich oder nicht öffentlich durchgeführt werden. Öffentliche Gruppendiskussionen sind auch für Nichtteilnehmer/-innen einsehbar (sog. Lurking), nicht öffentliche dagegen nur für Mitglieder.

Diese vier Merkmale[5] von Online-Gruppendiskussionsverfahren verdeutlichen das breite Spektrum an Möglichkeiten, das Internetmedien für Gruppendiskussionen bereithalten. Die zentrale und methodisch weitreichendste Differenz ist jedoch die zwischen synchron und asynchron geführten Gruppendiskussionen (vgl. u. a. Bloor et al. 2001; Gaiser 2008; Mann/Stewart 2000), zumindest weisen hierauf auch erste empirische Erfahrungen mit unterschiedlichen Online-Gruppendiskussionsverfahren hin (vgl. u. a. Erdogan 2001; Graffigna/Bosio 2006; Kelle et al. 2009; Murray 1997). So ermöglichen asynchrone Online-Gruppendiskussionen vor allem eine hohe Teilnehmerzahl, die weit über das hinausgeht, was synchron möglich wäre. Zudem ist auch die zeitliche Flexibilität der Teilnehmer/-innen bei asynchronen Online-Gruppendiskussionen besonders hoch, denn sie können selbst entscheiden, wann und wo sie ihre Diskussionsbeiträge verfassen.

Auch hinsichtlich des Diskussionsverlaufs und der Gruppendynamik unterscheiden sich synchrone und asynchrone Online-Gruppendiskussionen deutlich. Werden Online-Diskussionen nicht in Echtzeit durchgeführt, ist von einer sehr hohen Dau-

---

4 Die Charakterisierung von Chats als synchrone Kommunikationsform ist in der Linguistik allerdings umstritten (vgl. u. a. Dürscheid 2003; Storrer 2001).
5 Online-Gruppendiskussionen werden natürlich auch anhand der eingesetzten Kommunikationsmedien (Chats, Foren, Blogs usw.) unterschieden. Methodologisch ist das aber wenig ergiebig, weil kein strenges Bedingungsverhältnis zwischen Online-Medien und Gruppendiskussionsverfahren besteht.

er (von mehreren Wochen, wenn nicht Monaten) auszugehen, die mit Phänomenen wie einer zeitversetzten Partizipation, einer dadurch bedingten diskontinuierlichen Zusammensetzung der jeweils aktiven Gruppe oder auch von „Intervallteilnahmen" (Teilnahme mit längeren Unterbrechungen) einhergeht. Die Beiträge sind in asynchronen Online-Gruppendiskussionen zudem meist deutlich länger als in synchronen. Zudem besteht in asynchronen Online-Gruppendiskussionen die Möglichkeit, gezielt parallele Diskussionen zu führen (s. Abschnitt 1.2.3).

1.2 Forumsdiskussionen: Besonderheiten des Kommunikationsmediums

Forumsdiskussionen gehören zu den asynchron-schriftlichen[6] Online-Gruppendiskussionen. Dies ergibt sich bereits aus der Strukturlogik von Webforen. Weitere wichtige Merkmale, die sich aus den Kommunikationsbedingungen von Webforen ergeben, sind eine hohe Anonymität (bzw. die Möglichkeit dazu) sowie die Alokalität der Teilnehmenden.

Die Nutzung schriftlicher Daten, die gezielt im Forschungsprozess generiert werden, ist in der qualitativen Sozialforschung traditionell nur wenig verbreitet. So besteht eine Art „stillschweigende" Prämisse, dass in qualitativen Verfahren verbale Daten möglichst face to face in mündlicher Kommunikation gewonnen werden sollten. Entsprechend wurden schriftliche Befragungsformen fast umstandslos den standardisierten Methoden zugeordnet (Lamnek 2005: 331; vgl. a. Schiek 2014).

Diese Vernachlässigung oder das „Nicht-einmal-in-Erwägung-Ziehen" schriftlicher Formen qualitativer Datengewinnung ist sicher auch auf die Schwierigkeiten einer praktischen Umsetzung zurückzuführen. Denn die Chance, im Forschungsprozess durch Fragen oder Aufforderungen Texte zu erzeugen, die für eine interpretative Analyse qualitativ und quantitativ hinreichend sind, ist (bzw. war) eher gering. Mit dem Internet, und insbesondere mit den als Web 2.0 umschriebenen interaktiven Nutzungsmöglichkeiten, hat sich die Situation jedoch grundlegend geändert: Noch nie gab es so vielfältige Kommunikationsformen (E-Mail, SMS, Foren, Chats, Bewertungsportale, Social Networking usw.) und noch nie haben so viele Menschen so viel schriftlich kommuniziert wie seit dem Web 2.0 (vgl. u. a. Gerhards et al. 2008; Schmidt 2008). Parallel dazu haben sich auch die Möglichkeiten und der Anreiz erhöht, Online-Texte zum Ausgangspunkt qualitativer Analysen zu machen. Dies gilt

---

6 Im Folgenden wird Schriftlichkeit als Folge von Asynchronität behandelt. Dieser Zusammenhang ist nicht zwingend; so sind auch asynchron-mündliche Kommunikationsformen möglich, z. B. via Nachrichten auf Anrufbeantwortern und Mailboxen (vgl. u. a. Alvarez-Caccamo/Knoblauch 1992). Anders als für synchrone (z. B. Videochats) bietet Mündlichkeit für asynchrone Gruppendiskussionsverfahren u. E. aber keine interessante methodische Perspektive.

insbesondere für ethnografische und diskursanalytische Zugänge, grundsätzlich aber auch für reaktive Verfahren wie Gruppendiskussionen.

Die Argumente für und wider einzelne Online-Verfahren reflektieren dabei meist erste Forschungserfahrungen und bewegen sich überwiegend auf einer intuitiv-pragmatischen Ebene (für Online-Gruppendiskussionen vgl. u. a. Bloor et al. 2001: 74 ff.; Chase/Alvarez 2000; Mann/Stewart 2000: 99 ff.). Im Folgenden soll demgegenüber eine erste und noch allgemeine methodologische Einordnung versucht werden. Dazu werden drei Aspekte ausführlicher diskutiert, die uns als zentral für die methodologische Beurteilung von Forumsdiskussionen erscheinen: Diese sind die Schriftlichkeit der Kommunikation (1.2.1), die Auswirkungen der Asynchronität auf die Form der Diskussion (1.2.2) sowie die Möglichkeit, parallele Diskussionen via „Multi-Threading" durchzuführen (1.2.3).

1.2.1 Schriftlichkeit

Eines der wichtigsten Argumente, mit denen eine Überlegenheit von Face-to-Face-Gruppendiskussionen gegenüber Online-Formen begründet wird, ist, dass nur bei diesen auch die para- und nonverbale Kommunikation[7] erfasst werde (Bergmann/Meier 2000; Mann/Stewart 2000: 195 ff.). Die Nützlichkeit, wenn nicht Notwendigkeit der Erfassung und Analyse para- und nonverbaler Kommunikation für die Interpretation mündlicher Sprache dürfte unstrittig sein. Für Gruppendiskussionen gilt dies zusätzlich auch für den Erhebungsprozess, denn insbesondere nonverbale Signale haben einen erheblichen Einfluss auf den Diskussionsverlauf und werden von der Moderation bewusst und unbewusst zur Steuerung von Gruppendiskussionen eingesetzt.

Der Einbezug para- und nonverbaler Kommunikation ist jedoch kein universales Merkmal qualitativer Methoden. So greifen u. a. die Dokumenten- und die Diskursanalyse vornehmlich auf schriftsprachliche Texte zurück. Schriftsprachlichen Texten „fehlen" auch keine para- und nonverbalen Elemente; diese sind einfach kein Bestandteil schriftlicher Kommunikation. Aus methodologischer Sicht stellt sich daher nicht die Frage nach möglichen Informationsverlusten, wenn keine para- und nonverbalen Signale vorliegen, sondern danach, welchen Zugang zur sozialen Wirklichkeit uns schriftliche Texte im Unterschied zu mündlichen ermöglichen.

Online- bzw. computervermittelte Kommunikation gilt allerdings als Hybridform, die sowohl Elemente konzeptioneller Schriftlichkeit als auch von Mündlichkeit ent-

---

7 Mit der Bezeichnung „para- und nonverbale Kommunikation" folgen wir einem verbreiteten Sprachgebrauch. Neben parasprachlichen (wie Lachen oder Seufzen) und nonverbalen Aspekten (insb. Mimik und Gestik) sind es aber vor allem prosodische Elemente wie Pausen, Satzbrüche und Betonungen, denen in vielen qualitativen Interpretationsverfahren besondere Aufmerksamkeit gewidmet wird.

hält (Höflich 1997; Mann/Stewart 2000: 181 ff.).[8] In Online-Medien haben sich daher verschiedene Stilmittel herausgebildet, um Para- und Nonverbales durch verbale Ausdrücke, typografische Mittel oder durch die Verwendung von Emoticons mitzuteilen (Gaiser 2008; Rehm 2002). Ob es sich hierbei tatsächlich um Emotionen handelt, ist umstritten (vgl. Graßl 2014; Jänich 2014). Zumindest unterscheidet sich die Übermittlung para- und nonverbaler Informationen in Online-Texten grundlegend von der in Face-to-Face-Situationen. Denn während diese dort vom Sprecher zu einem großen Teil unbewusst oder zumindest unkontrolliert gesendet werden, muss ihre Weitergabe in der Online-Kommunikation gezielt erfolgen (Storrer 2001: 447). Die Übermittlung para- und nonverbaler Informationen im Rahmen „geschriebener Mündlichkeit" (Kilian 2001) ist also ein bewusster, vom Sender gesteuerter Akt. „Berichtete" Emotionen dürfen daher nicht mit „echten" gleichgesetzt werden.

Wenn Schriftlichkeit allein noch kein Hindernis für qualitative Forschungszugänge ist, könnte man dies jedoch für reaktive Verfahren behaupten. Denn Interviews und Gruppendiskussionen sind, so könnte man argumentieren, originär mündliche (und Face-to-Face-) Verfahren und als solche auf eine möglichst umfassende Erfassung und Analyse mündlicher Sprache angewiesen. Doch auch hier müssen tatsächliche und terminologische Unterschiede auseinandergehalten werden. So zeigen schriftliche Befragungen, dass reaktive Verfahren auch in schriftlicher Form eingesetzt werden können, Mündlichkeit also keine notwendige Voraussetzung hierfür ist. Und es ist dann zunächst eine Frage der terminologischen Klarheit oder Konvenienz, ob man begrifflich zwischen (immer nur schriftlichen) Befragungen und (immer nur mündlichen) Interviews unterscheidet.

Es ist daher auch kein Grund zu erkennen, warum Gruppendiskussionen (als Forschungsinstrumente) nicht auch schriftlich möglich sein sollten. Dass dies vor dem Internet nicht der Fall war, dürfte einzig auf die technischen Restriktionen zurückzuführen sein. Die entscheidende Frage ist daher auch nicht, ob sich mittels schriftlich-asynchroner Gruppendiskussionen Daten gewinnen lassen, sondern wie sich diese von mündlich gewonnenen Daten unterscheiden, vor allem ob es sich eher um nur graduelle Unterschiede handelt oder um eine andere Datenqualität, die dann auch für andere Forschungsinteressen und Fragestellungen geeignet wäre.

Ob Letzteres der Fall ist, kann derzeit noch nicht eindeutig beurteilt werden und ist die zentrale, in den nachfolgenden Kapiteln zu untersuchende Frage. Für eine spezifische Datenform spricht aber gerade die „Einkanaligkeit" schriftlicher (Online-) Kommunikation. Denn wer schriftliche Beiträge verfasst, weiß, dass das geschriebene Wort nicht mittels para- und nonverbaler Signale moduliert werden kann. Dadurch,

---

8 Zur Unterscheidung von medialer und konzeptioneller Schriftlichkeit und Mündlichkeit vgl. Koch und Oesterreicher (1994). Zur Auseinandersetzung über die entsprechende Einordnung von Online-Kommunikationsformen vgl. u. a. Bader (2002), Dürscheid (2003), Kilian (2001), Schönfeldt (2001), Storrer (2001) und Ziegler (2002). Forumsdiskussionen werden dabei dem Pol auch konzeptioneller Schriftlichkeit zugeordnet.

dass schriftliche Äußerungen auch ohne außertextliche Kontext- und Hintergrund-informationen verstanden werden müssen, ergibt sich beim Verfassen von Diskus-sionsbeiträgen ein Zwang zur Ausführlich- und Eindeutigkeit (Koch/Oesterreicher 1994: 590 ff.; vgl. bereits Simmel 1983), der durch den relativ hohen Aufwand von Rückfragen vermutlich noch verstärkt wird. Diesem Zwang kann wiederum nur ge-folgt werden, weil sowohl beim Schreiben als auch beim Lesen von Beiträgen kein Zeitdruck besteht.

1.2.2 Asynchronität

Als für Gruppendiskussionen wichtig gelten deren Spontanität und Interaktivität. So werden eine hohe Spontanität und Interaktivität als Besonderheiten konventio-neller Gruppendiskussionsverfahren hervorgehoben, die diese als eigenständiges Erhebungsverfahren begründen (vgl. u. a. Morgan 1997). Denn dadurch, dass die Teil-nehmer/-innen einer Gruppendiskussion primär untereinander interagieren, so die Grundintuition, entfalte sich eine selbstläufige Diskussionsdynamik, die den For-scher/-innen Einblicke ermögliche, die ihnen sonst verwehrt wären (vgl. u. a. Loos/ Schäffer 2001: 51 ff.; Przyborski/Riegler 2010: 440).

Für asynchron-schriftliche Kommunikation wird jedoch eine eher geringere Spon-tanität der Beiträge (bzw. der Verfasser/-innen der Beiträge) und eine eher schwa-che Interaktivität der Teilnehmer/-innen angenommen. Folgt man dieser Argumenta-tion, wären Forumsdiskussionen tatsächlich eher wenig geeignet für qualitative For-schung oder zumindest Face-to-Face-Gruppendiskussionen unterlegen. Daher wird in den späteren Analysen (Kapitel 4 und 5) auch zu klären sein, wie (wenig) spontan und interaktiv Forumsdiskussionen insbesondere im Vergleich zu Face-to-Face-Gruppen-diskussionen sind und was hieraus methodologisch folgt.

(1) Dass asynchron-schriftliche Kommunikation gegenüber synchroner weniger spontan verläuft, scheint evident. Vor allem die durch die Schriftlichkeit bedingte Ver-zögerung verträgt sich nicht gut mit Spontanität, sofern man diesen nicht sehr klar de-finierten Begriff mit schnellen Reaktionen und häufigem „Ins-Wort-Fallen" verbindet. Gleiches muss jedoch nicht auch für die Behauptung einer geringeren Interaktivität gelten. Hier wäre vor allem erst einmal zu klären, ob Face-to-Face-Gruppendiskus-sionen tatsächlich so interaktiv sind, wie Anwender/-innen dieser Forschungsmetho-de eher wohlwollend unterstellen als tatsächlich nachweisen können (vgl. a. Wolff/ Puchta 2007). Auf der anderen Seite ermöglichen Forumsdiskussionen neue Formen der Bezugnahme und erhöhen somit die Chancen auf Interaktivität. So haben Teil-nehmer/-innen von Online-Foren infolge der Asynchronität, aber auch dadurch, dass auch ältere Beiträge anderer Teilnehmer/-innen jederzeit nachgelesen und neu kom-mentiert werden können, deutlich bessere Möglichkeiten, auf fremde Beiträge Bezug zu nehmen als in synchronen Diskussionsformen.

(2) Wenn Beiträge in Forumsdiskussionen eher reflektiert als spontan sind, muss dies kein Nachteil sein. So ermögliche asynchrone Kommunikation „überlegte Ausdrucksformen, die in synchroner Kommunikation (ob technisch vermittelt oder nicht) undenkbar sind" (Schultz 2001: 94). Auch Kelle et al. (2009: 187) sehen eine Stärke von Forumsdiskussionen darin, dass „durch die zeitliche Unabhängigkeit [...] größere Reflektionsräume als in einer synchronen Gruppendiskussion zur Verfügung gestellt" werden. Zudem entfalle hier auch der unmittelbare Reaktionszwang, was die Beteiligten entlaste (Kelle et al. 2009: 187; Mann/Stewart 2000: 102) und den Teilnehmer/-innen ein besseres „Zuhören" ermögliche (Volst 2003: 106).

(3) Durchaus umstritten ist, ob eine hohe Diskussionsdynamik grundsätzlich vorzuziehen ist, also auch unabhängig vom Forschungsinteresse. So können Interaktionsdynamiken in Face-to-Face-Gruppendiskussionen auch „kontraproduktiv" sein, etwa wenn sie dazu führen, dass sich Teilnehmer/-innen gar nicht oder nicht „frei" an der Diskussion beteiligen. Entsprechend werden ein Zwang zur Konsensbildung, die Unterdrückung abweichender Meinungen und eine Emotionalisierung der Diskussion problematisiert (vgl. Kühn/Koschel 2011: 217ff). Spontanität und (spontane) Interaktivität können insofern auch in Konflikt mit dem Prinzip der Offenheit und einem Interesse an einer relativ egalitären Beteiligung der Teilnehmer/-innen geraten.

Bei Forumsdiskussionen sind solche abträglichen gruppendynamischen Effekte deutlich weniger zu erwarten.[9] So kann schon wegen der Anonymität und Alokalität (kein Sichtkontakt, keine körperliche Nähe) kaum Druck auf „Abweichler" ausgeübt werden. Ein hohes Maß an Offenheit (disclosure) ist daher zu Recht als entscheidender Vorteil von Online-Gruppendiskussionen, und insbesondere von asynchronen, hervorgehoben worden (vgl. Bloor et al. 2001; Chase/Alvarez 2000; Früh 2000; Mann/Stewart 2000). Zudem dürften auch die Asynchronität der Diskussion, ihre hohe Dauer und die Möglichkeit des Multi-Threading der Gefahr problematischer Gruppendynamiken entgegenwirken.

1.2.3 Multi-Threading

Ein Alleinstellungsmerkmal von Forumsdiskussionen ist die Möglichkeit, durch Multi-Threading mehrere parallele Diskussionsstränge im Rahmen einer Forumsdiskussion (oder wenn man so will: mehrere Teildiskussionen) durchzuführen. So können in Webforen neben dem Initialstimulus der Gruppendiskussion weitere Diskussionsanreize gesetzt werden, die in eigenen Threads oder Subforen verfolgt werden, während die ursprüngliche Diskussion weitergeführt wird.

---

9 Zwar ist gerade aus Webforen und Chatrooms das Phänomen des Flaming bekannt, das dazu führen kann, andere Teilnehmer/-innen einzuschüchtern oder sogar ganz aus der Diskussion zu drängen. Die Diskussionsleitung verfügt jedoch über hinreichende Mittel (wie das Löschen von Beiträgen oder den Ausschluss von Teilnehmer/-innen), ein solches Fehlverhalten zu unterbinden.

Die Durchführung paralleler Teildiskussionen bietet eine Reihe möglicher Vorteile: Vor allem kann durch die Eröffnung neuer Diskussionsstränge verhindert werden, dass von einzelnen Teilnehmer/-innen thematisierte, dann aber in der Diskussion nicht aufgegriffene Aspekte untergehen. Die Aufgabe der Diskussionsleitung besteht hierbei darin, „vergessene" Themen rechtzeitig ausfindig zu machen und zu beurteilen, ob diese für einen eigenen Diskussionsstrang geeignet sind. Ist dies der Fall, kann ein entsprechender Thread initiiert werden, ohne dass der bestehende Diskussionsfluss unterbrochen wird oder gar, wie häufig in konventionellen Gruppendiskussionen, durch einen durch die Moderation ausgelösten Themenwechsel „umgeleitet" wird (vgl. a. Kelle et al. 2009: 192). Dies gilt auch für die Initiierung neuer, in einem Leitfaden vorgesehener Themen, die im Extremfall immer in einem eigenen Thread erfolgen kann.

Grundsätzlich gehört das Wiederaufgreifen und Vertiefen von Themen auch zum Repertoire konventioneller Gruppendiskussionen. Das Multi-Threading bietet hierzu jedoch deutlich bessere Möglichkeiten: Alle Themen können – zumindest „theoretisch" – ausführlich thematisiert werden; sie stehen nicht in zeitlicher und „aufmerksamkeitsökonomischer" Konkurrenz.

Mehr noch besteht beim Multi-Threading zumindest die Chance, dass es zu Rückkoppelungseffekten zwischen den einzelnen Diskussionssträngen kommt und sich die einzelnen Threads wechselseitig befruchten. Auf der anderen Seite kann nicht ausgeschlossen werden, dass es bei der Eröffnung neuer Threads zu einer „Abwanderung" der Diskussion (vom alten zum neuen Thread) kommt. Schließlich kann ein sehr starkes „Threading" (Eröffnung vieler Threads) zu einer unübersichtlichen Diskussionssituation und zu einer kognitiven Überforderung der Teilnehmer/-innen führen und sich daher als kontraproduktiv erweisen.

Ein möglicher Vorteil des Multi-Threading kann in einer besseren Motivierung aktiver und Gewinnung neuer Teilnehmer/-innen gesehen werden: Denn dadurch, dass sie sich an mehreren parallelen Diskussionssträngen beteiligen können, ist es den Teilnehmer/-innen eher möglich, ihren individuellen Interessen zu folgen. Dies ist noch mehr der Fall, wenn Teilnehmer/-innen selbst die Möglichkeit haben, neue Threads (Diskussionsstränge) zu beginnen. Mit diesen Gestaltungsmöglichkeiten der Teilnehmer/-innen verbindet sich schließlich auch die Hoffnung einer egalitäreren Beteiligung und dass es gelingt, Diskussionsteilnehmer/-innen, die in konventionellen Settings eher zu den „Schweigern" gehören, stärker einzubinden.

Es kann somit vermutet werden, dass die parallele Diskussionsführung zu einer größeren thematischen Breite und zu einer stärkeren Beteiligung führt. Durch die Möglichkeit, den individuellen Relevanzstrukturen in „eigenen" Threads zu folgen, bestehen bei Forumsdiskussionen mit Multi-Threading auch bessere Chancen für eine hohe Selbstläufigkeit der Diskussion.

1.3 Qualitative Forschung mit Forumsdiskussionen: eine erste Einschätzung

Die bisherige Analyse hat einige Besonderheiten und mögliche Wirkungen auf den Prozess der Datengewinnung verdeutlicht, die sich aus der medialen Logik von Forumsdiskussionen ergeben können (s. Tabelle 1.2). Zu diesen gehören auf der „positiven" Seite der Zwang zu Eindeutig- und Ausführlichkeit, günstige Voraussetzungen für Selbstläufigkeit sowie eine große Breite der Diskussion (längere Diskussion eines Themas, mehr Themen, viele Beteiligte).

Tab. 1.2: Zentrale Merkmale von Forumsdiskussionen – mögliche Stärken und Schwächen (Quelle: eigene Darstellung)

	mögliche Stärken	mögliche Schwächen
Schriftlichkeit	– Zwang zu Eindeutigkeit und Ausführlichkeit (reflektierte Beiträge) – Fixierung ermöglicht mehr Bezugnahmen	– geringe Steuerungsmöglichkeiten – keine para- und nonverbalen Signale – geringe Spontanität
Asynchronität	– hohe Offenheit und Selbstläufigkeit (geringe Restriktionen durch Gruppe)	– geringe Spontanität – diskontinuierliche Teilnahme
Multi-Threading	– große Breite der Diskussion – hohe Selbstläufigkeit	– geringe Steuerungsmöglichkeiten – Konkurrenz von Threads

Welche methodische Bedeutung diese medial bedingten Besonderheiten von Forumsdiskussionen haben können, lässt ein erster[10] Vergleich mit Face-to-Face-Gruppendiskussionen erahnen. Mit diesen werden oft kollektive Deutungen und Erfahrungen sichtbar gemacht. Die spontan-dynamische Diskussion und die Erfassung „ethnografischer Daten" (insb. bei Videoaufzeichnungen) ermöglichen dabei die Identifizierung unterschiedlicher Interaktionsdichten und sollen Rückschlüsse auf latente Sinnstrukturen zulassen.

In Forumsdiskussionen sind demgegenüber eher lange Textbeiträge und eine eher austausch- und verständigungsorientierte Diskussion zu erwarten[11], bei der es weder darum geht, die eigenen Deutungen und Erfahrungen als die für eine bestimmte Gruppe oder ein Milieu „gültigen" durchzusetzen, noch um eine bloße Aktivierung gruppenspezifischer Deutungsmuster. Denn anders als synchrone Gruppendiskussionsverfahren, in denen Argumentationen schon aufgrund der notwendigen Kürze der

---

10 Eine abschließende vergleichende Einschätzung auf Basis der in den Kapiteln 3 bis 6 dargelegten Forschungsergebnisse erfolgt in Kapitel 7.
11 Als Beispiele für austauschorientierte Forumsdiskussionen können die Studien von Ferri (2000) und Früh (2000) gelten.

Beiträge und des Zeitdrucks beim Verfassen von Beiträgen eine zentrale Bedeutung zukommt, „erzwingen" Forumsdiskussionen geradezu einen größeren Reflexionsaufwand, können gleichzeitig aber auch mit einem weit größeren Zeit- und Leseaufwand der potenziellen Leser/-innen rechnen bzw. diesen verlangen. Die „Langsamkeit" von Forumsdiskussionen lässt schließlich vermuten, dass nur ein geringer Konsensdruck besteht und dass konträre Deutungen und Erfahrungen auch über einen längeren Zeitraum parallel bestehen und dadurch deutlich gemacht werden können.

Dafür, dass Forumsdiskussionen in der qualitativen Sozialforschung als Instrument und Medium der Datenerhebung interessante Optionen eröffnen, scheint es also gute theoretische und methodologische Gründe zu geben. Auch erste Forschungserfahrungen sind durchaus ermutigend. Für alle folgenden Kapitel bildet die generelle Nützlichkeit von Forumsdiskussionen als qualitatives Forschungsinstrument daher die allgemeine forschungsleitende Hintergrundannahme. Sie befassen sich mit der schon jetzt zu erahnenden Vielfalt von Forumsdiskussionen und mit der Bedeutung einzelner Merkmale von Forumsdiskussionen und deren Zusammenwirken.

2 Forschungsdesign, Durchführung der Forumsdiskussionen, Diskussionsinhalte

In diesem zweiten Kapitel wird das Vorgehen im Projekt „Forumsdiskussionen im Internet als qualitatives Forschungsinstrument" vorgestellt. Zunächst werden hierfür die methodologischen und konzeptionellen Überlegungen des Forschungsdesigns dargelegt, die dem Forschungsprojekt zugrunde lagen (2.1). Wie diese konkret im experimentellen Forschungsdesign umgesetzt wurden und welche Merkmale dabei einbezogen wurden, wird im anschließenden Abschnitt ausgeführt (2.2). In einem weiteren Abschnitt (2.3) werden dann die praktische Durchführung der Forumsdiskussionen und die dabei aufgetretenen Probleme und Entscheidungsdilemmata erläutert. Hieran schließt sich eine Darlegung der wichtigsten Basisinformationen zu den durchgeführten Forumsdiskussionen an (2.4), u. a. zur Anzahl der Beiträge und der aktiven Teilnehmer/-innen. Schließlich wird ein kurzer Einblick darüber vermittelt, worüber die Teilnehmer/-innen sich ausgetauscht haben und welche Einschätzungen und Deutungsmuster dabei deutlich wurden (2.5).

2.1 Allgemeines Forschungsdesign

Das Ziel des Forschungsprojektes „Forumsdiskussionen im Internet als qualitatives Forschungsinstrument" war es zu untersuchen, welche methodischen Möglichkeiten Gruppendiskussionen in Webforen der qualitativen Sozialforschung eröffnen. In einem quasi-experimentellen Design wurden dazu Formen von Gruppendiskussionen in Webforen (mit unterschiedlichen „Settings") hinsichtlich ihrer methodischen Bedeutung systematisch untersucht und verglichen.

Um die methodische Bedeutung unterschiedlicher Gestaltungen von Forumsdiskussionen beurteilen zu können, mussten zunächst Merkmale identifiziert und zur Grundlage des experimentellen Designs gemacht werden, die Spezifika von Forumsdiskussionen sind[1], gleichzeitig aber variieren. Wie die Diskussion in Kapitel 1 deutlich gemacht hat, unterscheiden sich Online-Forumsdiskussionen durch eine Reihe von Merkmalen von allen anderen Formen von Gruppendiskussionen. Viele davon sind jedoch nicht „forumsdiskussionsspezifisch" (u. a. die Schriftlichkeit der Beiträge) und lassen keine für Forumsdiskussionen besondere methodische Bedeutung erwarten.

---

1 Es geht hier also nicht um Merkmale, die Forumsdiskussionen von Face-to-Face-Gruppendiskussionen oder von in anderen Online-Formaten durchgeführten Gruppendiskussionen (insb. Chats) unterscheiden. Die grundlegenden Unterschiede zwischen Forumsdiskussionen und synchronen Formen (sowohl Face-to-Face- als auch Chat-Diskussionen) sind bereits relativ gut dokumentiert (vgl. Schiek/Ullrich 2017; Ullrich/Schiek 2014). Sie sind zudem so offensichtlich, dass ein Vergleich asynchroner und synchroner Verfahren wenig sinnvoll erscheint.

https://doi.org/10.1515/9783110665987-002

In das Forschungsdesign wurden daher nur Merkmale von Forumsdiskussionen aufgenommen, die als Stellgrößen in einem experimentellen Design systematisch variiert werden können und von denen zugleich eine erhebliche methodische Wirkung erwartet werden konnte. Diese beiden Bedingungen werden von den folgenden fünf Merkmalen erfüllt, die daher die Grundlage für die Vergleiche unterschiedlicher Forumssettings bildeten (s. Tabelle 2.1).

2.1.1 Gruppengröße (Teilnehmerzahl)

Anders als bei Face-to-Face- und Chat-Gruppendiskussionen bestehen bei Forumsdiskussionen aufgrund der Alokalität und Asynchronität (zeitliche und räumliche Unabhängigkeit) nur sehr geringe technische Limitierungen hinsichtlich der Teilnehmerzahl. Forumsdiskussionen können daher grundsätzlich auch mit Großgruppen (vgl. Rauch 1983) durchgeführt werden. Unstrittig dürfte aber auch sein, dass Gruppendiskussionen mit zunehmender Größe aufgrund von Kommunikationslogiken und der kognitiven Verarbeitungskapazitäten und -strategien der Teilnehmer/-innen einen anderen Charakter annehmen. Allgemein können mit steigender Teilnehmerzahl eine geringere Aktivität pro Teilnehmer/-in, selektiv-diskontinuierliche Teilnahmen und eine größere Heterogenität der Gruppen erwartet werden. Entsprechend kann sich die Größe der Diskussionsgruppe auf unterschiedliche Aspekte der Gruppendynamik und auf die Möglichkeit der Steuerung des Diskussionsverlaufs durch die Moderation auswirken. So können z. B. bei steigender Teilnehmerzahl weniger individuell-direkte und mehr kollektive Bezugnahmen sowie die Ausbildung von Subgruppen und Paralleldiskussionen erwartet werden.

In einer hohen Teilnehmerzahl kann aufgrund der anzunehmenden Auswirkungen auf die Gruppendynamik ein entscheidender methodischer Vorzug von Forumsdiskussionen gesehen werden. Wie sich die Größe der Diskussionsgruppe tatsächlich auswirkt, wird dabei vermutlich aber auch von einigen interferierenden Faktoren beeinflusst. Zu nennen sind hier u. a. die Dauer der Diskussion und Eigenschaften der Gruppe.

Bisher liegen für zu Forschungszwecken angeleitete Forumsdiskussionen praktisch keine Erfahrungen mit größeren Gruppen vor, was primär auf die Orientierung an den Standards für Face-to-Face-Gruppendiskussionen zurückgeführt werden kann. In den meisten Untersuchungen bleibt die Gruppengröße im einstelligen Bereich (Graffigna/Bosio 2006; Murray 1997; Turney/Pocknee 2005). Eine Ausnahme sind hier Kelle et al. (2009), die von immerhin 15–20 Teilnehmer/-innen berichten. Sowohl Untersuchungen unabhängig bestehender Internetforen (z. B. Taddicken/Bund 2010; Wesemann/Grunwald 2010) als auch eigene Forschungserfahrungen mit unbegrenzter Teilnehmerzahl in einer Forumsdiskussion (vgl. Ullrich/Schiek 2015), stützen aber die Vermutung, dass Forumsdiskussionen mit größeren Gruppen eine andere Gruppendynamik entwickeln als Diskussionen in kleineren Gruppen.

Tab. 2.1: Variable Merkmale von Forumsdiskussionen: erwartete methodische Wirkungen (Quelle: eigene Darstellung)

Merkmal	vermutete Wirkungen / methodische Bedeutung
Gruppengröße (Teilnehmerzahl)	Eine größere Teilnehmerzahl führt zu einer: 1. geringeren Spontanität 2. geringeren Interaktivität (im Sinne direkter Bezugnahmen auf andere Beiträge und Teilnehmer/-innen) 3. größeren Zahl aktiver Teilnehmer/-innen, aber auch inaktiver (geringere prozentuale Beteiligung) 4. geringeren Zahl von Beiträgen pro aktivem/aktiver Teilnehmer/-in 5. höheren Wahrscheinlichkeit paralleler Diskussionen in Teilgruppen 6. diskontinuierlichen Teilnahme (Intervallteilnahme, wechselnde Zusammensetzung)
Dauer der Diskussion	Je länger die „Laufzeit" der Gruppendiskussion desto: 1. größer ist die Selbstläufigkeit der Diskussion 2. länger sind die einzelnen Diskussionsphasen (zeitlich und nach Anzahl der Beiträge) 3. länger und „reflektierter" (weniger spontan) sind die einzelnen Beiträge 4. häufiger werden frühere Beiträge wieder aufgegriffen 5. mehr Teilnehmer/-innen beteiligen sich aktiv 6. „langsamer" verläuft die Diskussion
Multi-Threading	Multi-Threading (insb. bei Teilnehmerthreads) führt zu: 1. hoher Selbstläufigkeit der Diskussion 2. hoher aktiver Beteiligung (Zahl aktiver Teilnehmer/-innen; Beiträge pro Teilnehmer/-in) 3. einer größeren Breite der Diskussion und zu einer längeren Behandlung einzelner Themen 4. parallelen Diskussionen (evtl. von Teilgruppen) und Wechselwirkungen zwischen Threads 5. einer Überforderung der Teilnehmer/-innen und Hemmung der Diskussion (bei zu vielen Threads) 6. einer Verlagerung der Diskussion von älteren zu neueren Threads
Moderationsform	Eine non-direktive Moderation führt zu einer: 1. hohen Selbstläufigkeit der Diskussion 2. hohen aktiven Beteiligung (Zahl aktiver Teilnehmer/-innen; Beiträge pro Teilnehmer/-in) 3. größeren Interaktivität (im Sinne direkter Bezugnahmen auf andere Beiträge und Teilnehmer/-innen)
Kommunikationsstil der Moderation	Eine intensiver, „motivierender" Kommunikationsstil der Moderation führt zu einer: 1. hohen aktiven Beteiligung (Zahl aktiver Teilnehmer/-innen) 2. größeren Zahl von Beiträgen pro Teilnehmer/-in (hohe Aktivität der bereits aktiven Teilnehmer/-innen) 3. größeren Interaktivität (im Sinne direkter Bezugnahmen auf andere Beiträge und Teilnehmer/-innen)

2.1.2 Dauer der Forumsdiskussion

Die Asynchronität und Alokalität von Forumsdiskussionen ermöglichen nicht nur eine größere Teilnehmerzahl, sondern erfordern auch eine größere Dauer der Gruppendiskussion. So müssen Forumsdiskussionen länger dauern als andere Gruppendiskussionen, weil durch die zeitversetzte Teilnahme ein deutlich größerer Zeitraum zur Reaktion auf Beiträge anderer Teilnehmer/-innen gewährleistet sein muss. Die Kommunikation unter den Teilnehmer/-innen verläuft viel langsamer als im Echtzeitmodus und entsprechend mehr Zeit benötigt auch der gesamte Diskussionsprozess. In der größeren Länge kann zugleich aber auch eine Chance gesehen werden, nämlich wenn die angestrebte „Selbstläufigkeit" der Diskussion auch dahingehend erleichtert wird, dass nur geringe (im Extrem: keine) zeitliche Beschränkungen bestehen.

Erfahrungen mit zeitlich unbegrenzten Forumsdiskussionen (Ullrich/Schiek 2015) zeigten, dass der Diskussionsverlauf zu einem „natürlichen" Ende kommen kann, wenn bewusst kein zeitlicher Rahmen gesetzt wird und nur die Moderation ab einem bestimmten Zeitpunkt eingestellt wird. Dies hat den Vorteil, dass die Themen tatsächlich „ausdiskutiert" werden und alle Personen, die sich aktiv beteiligen wollen, dies auch tatsächlich tun. Entsprechend zeichnet sich ein „natürlicher" Diskussionsverlauf mit Höhepunkten und einem langsamen Ausklingen der Diskussion ab, wie dies auch bei unmoderierten Foren beobachtet werden kann.

Auch über die Länge von Forumsdiskussionen, genauer: über die Auswirkungen unterschiedlicher Diskussionszeiträume, ist bisher nur sehr wenig bekannt. So auffällig wie naheliegend ist auch hier eine stärkere Abweichung von der Face-to-Face-Tradition, ohne dass sich dabei so etwas wie ein Standard herauskristallisiert hätte. Hierauf dürfte auch zurückzuführen sein, dass in den bisher vorliegenden Studien für die Dauer einer Forumsdiskussion sehr unterschiedliche Zeitspannen (von drei Tagen bis zu vier Wochen) angesetzt wurden (vgl. Graffigna/Bosio 2006; Murray 1997; Turney/Pocknee 2005). Grundsätzlich ist hierbei von einem Zielkonflikt auszugehen zwischen dem Interesse, eine möglichst lange, thematisch breite und intensive Diskussion zu initiieren, und dem Problem, eine größere Zahl von Personen über einen längeren Zeitraum zur aktiven Teilnahme zu motivieren.

Auch von der Dauer der Forumsdiskussion sind erhebliche Auswirkungen auf die Form der Gruppendiskussion zu erwarten, wobei wiederum von Wechselwirkungen mit anderen Merkmalen (z. B. der Zahl der aktiven Teilnehmer/-innen und dem Multi-Threading) auszugehen ist. Grundsätzlich kann angenommen werden, dass mit der Diskussionsdauer die Selbstläufigkeit der Diskussion steigt. Aufgrund geringeren Zeitdrucks und der geringen Konkurrenz durch andere Themen dürften auch die Ausführlichkeit, mit der einzelne Fragen diskutiert werden, und die Breite der behandelten Themen zunehmen. Schließlich erhöht sich mit der Diskussionsdauer die Wahrscheinlichkeit längerer und reflektierter (nicht spontaner) Beiträge sowie von Bezugnahmen auf zeitlich bereits weiter zurückliegende Beiträge.

2.1.3 Multi-Threading

Das dritte Merkmal von Forumsdiskussionen, das systematisch variiert wurde, ist das Multi-Threading. Ein Thread kann dabei als Diskussionsstrang definiert werden, der aus einem Eingangsstimulus und der sich daran anschließenden Diskussion besteht.[2] Zu den hervorstechenden Eigenschaften von Internetforen gehört es nun, dass mehrere solcher Threads parallel (zeitgleich oder zeitversetzt) initiiert werden können. Innerhalb eines Forums kann es daher zu parallelen Sub-Diskussionen kommen, wobei das übergreifende Forumsthema die gemeinsame Klammer dieser einzelnen Diskussionsstränge bildet. Die Teilnehmer/-innen der einzelnen Threads oder Sub-Diskussionen können identisch sein, werden sich aber oft unterscheiden (nicht alle Teilnehmer/-innen des Forums beteiligen sich an allen Threads), wobei von unterschiedlich großen Schnittmengen auszugehen ist.

Ein solches Multi-Threading bietet – zumindest theoretisch – viele Vorteile (vgl. Abschnitt 1.2.3). Vor allem können Teilnehmer/-innen (insb. in großen Gruppen) eher als sonst ihren spezifischen Interessen folgen und „Minderheitspositionen" können sichtbarer werden. Dies ist besonders dann zu erwarten, wenn die Teilnehmer/-innen auch selbst neue Threads setzen können. Ein weiterer Vorteil kann darin gesehen werden, dass sich die einzelnen Diskussionsstränge wechselseitig stimulieren können (z. B. durch „Cross-Posting" oder ein Springen zwischen Threads). Ein Multi-Threading sollte sich daher vor allem auf die Diskussionsdynamik (hohe Selbstläufigkeit), auf die Länge der Diskussion und auf die Höhe der Beteiligung auswirken. Dabei dürfte auch die Wirkung des Multi-Threading durch andere Bezugsgrößen beeinflusst werden. So werden Auswirkungen auf die Diskussionsdynamik bei einer längeren Dauer der Forumsdiskussion und einer größeren Teilnehmerzahl vermutlich am ehesten zu beobachten sein. Aber auch darüber, wie sich Multi-Threading auf Gruppendiskussionen auswirkt, ist bisher nur äußerst wenig bekannt, was vor allem darauf zurückzuführen ist, dass Multi-Threading bisher kaum in gezielt für Forschungszwecke eingerichteten Online-Foren genutzt wurde.[3]

---

2 Was nicht ausschließt, dass auch innerhalb eines Threads neue Stimuli gesetzt werden können. Diese sollten sich aber konsequent im Themenbereich des Threads bewegen, also die bestehende Diskussion weiter oder wieder anregen, während neue Themen möglichst nur durch neueröffnete Threads eingeführt werden sollten. „Echte" Themen*wechsel* finden insofern nicht mehr statt oder sind zumindest nicht mehr notwendig.

3 Eine Ausnahme ist Murray (1997: 547), der allerdings kein Webforum verwendete. Er berichtet, dass sich zeitgleich beginnende Threads (im Unterschied zu sukzessiven) nachteilig auf die Diskussionsdynamik auswirken, weil die Teilnehmer/-innen zunächst die einzelnen Fragen „abarbeiten" und nicht auf andere Teilnehmer/-innen reagieren. In eigenen Vorarbeiten mit sukzessivem Threading in einem Webforum konnten erfolgreich neue Diskussionsstränge stimuliert werden (vgl. Ullrich/Schiek 2015). Aufgrund des geringen Umfangs und fehlender Vergleichsmöglichkeiten, lässt sich hieraus allein aber noch kein grundlegendes Urteil über die Wirkungen des Multi-Threading ableiten.

2.1.4 Moderationsform

Neben den bereits vorgestellten „harten" Merkmalen mit klaren Grenz- und Eckwerten, wurden auch zwei weniger „messbare", aber durchaus unterscheidbare Merkmale von Gruppendiskussionen variiert. Beim ersten handelt es sich um die grundlegende Moderationsform. So können Gruppendiskussionen auf einem Kontinuum danach unterschieden werden, ob sie eher leitfadenmoderiert oder eher non-direktiv moderiert werden. (Nur leicht vereinfachend können dabei leitfadenmoderierte Gruppendiskussionen der Focus-Group-Research-Richtung und non-direktiv moderierte der rekonstruktiven Richtung zugerechnet werden.)

Eine Leitfadenmoderation hat vor allem zwei Vorteile, nämlich zum einen, dass eine Thematisierung aller als relevant angesehenen Themen sichergestellt werden kann, und zum anderen, dass infolge einer solchen Strukturierung durch die Moderation die Vergleichbarkeit aller mit dem gleichen Leitfaden durchgeführten Forumsdiskussionen hoch ist. Aus diesem Grund wurden die Merkmale Gruppengröße, Diskussionsdauer und Multi-Threading auch nur für leitfadenmoderierte Gruppen variiert (vgl. Abschnitt 2.2).

Von einer non-direktiven Moderation, die sich also weitgehend zurückhält und sich wesentlich auf immanente Nachfragen und ein positives Verstärken („Quittieren") von Teilnehmer/-innen beschränkt, ist vor allem eine höhere Selbstläufigkeit der Diskussion zu erwarten. Da die restringierenden Wirkungen einer Leitfadenmoderierung entfallen, kann bei sonst günstigen Voraussetzungen (unter denen ein Interesse der Teilnehmer/-innen am Diskussionsthema die wichtigste ist) zudem auch eine starke Beteiligung erwartet werden, und zwar sowohl in Bezug auf die Anzahl der aktiven Teilnehmer/-innen als auch hinsichtlich deren Aktivitätsgrad (Beiträge pro Teilnehmer/-in, Beitragslänge). Schließlich kann bei non-direktiv moderierten Forumsdiskussionen auch mit einer größeren Interaktivität in dem Sinne gerechnet werden, dass die Teilnehmer/-innen sich stärker und direkter auf andere Beiträge und/oder Teilnehmer/-innen beziehen (und nicht, wie oft bei einer Leitfadenmoderierung, vornehmlich auf Fragen und Stimuli der Moderation reagieren).

2.1.5 Kommunikationsstil (Moderationsaktivität)

Mit Kommunikationsstil sind hier neben der Art und Weise, wie die Moderation im Forum agiert (u. a. Anredeformen, Nutzung von Multimodalität, Verwendung bzw. Anteil konzeptionell mündlicher Sprache) vor allem zwei besondere Vorgehensweisen bei der Gestaltung der Forumsdiskussionen gemeint, die systematisch variiert und untersucht wurden. Bei beiden stand die Frage im Vordergrund, ob die Teilnehmer/-innen durch die Erhöhung des „Commitment" gegenüber der Diskussionsgruppe und gegenüber dem Forschungsteam bzw. dem Forschungsziel zu mehr Aktivität veranlasst werden können.

Der erste Aspekt besteht darin, die (wenn man so will: medial vorgegebene) Anonymität in der Diskussion zu relativieren. Sich-bekannte Teilnehmer/-innen, so die Annahme, fühlen sich ihren Co-Teilnehmer/-innen mehr verpflichtet und sind daher womöglich engagierter. Hinsichtlich der „Bekanntheit" können wiederum unterschiedliche Grade unterschieden werden (s. Abschnitt 2.2).

Der zweite Aspekt betrifft die Kommunikation der Moderation mit einzelnen Teilnehmer/-innen jenseits der eigentlichen Diskussion bzw. des Forums. Hierbei galt es vor allem zu klären, ob und wie die Teilnehmer/-innen durch Moderationsaktivitäten positiv motiviert werden können. Solche individualisierte Kommunikation zwischen der Moderation und einzelnen Teilnehmer/-innen kann medial sehr unterschiedlich erfolgen (face to face, telefonisch, als E-Mail usw.), findet aus der Perspektive der primären Forumskommunikation aber immer im Back Channel statt (und ersetzt dabei zum Teil die „fehlende" para- und nonverbale Kommunikation).

Back-Channel-Signale sind die während der Face-to-Face-Interaktion im Hintergrund der Aufmerksamkeit stehenden, meist para- und nonverbalen Zeichen der Gesprächsorganisation wie vor allem Status- und Präsenzsignale, Bezugnahmen auf Personen und Aussagen sowie Sprech- und Zuhörsignale (Goffman 1977: 233 ff.). Auch online bestehen verschiedene Optionen für Back-Channel-Kommunikation. Wie Gallagher (2015) verdeutlicht, sind in Online-Formaten nicht nur unterschiedliche Formen von „Haltearbeit" jenseits der eigentlichen Textproduktion weit verbreitet, sondern auch unverzichtbar, um Online-Kommunikation über einen längeren Zeitraum aufrechtzuerhalten. Im Forschungsprojekt haben wir die Back-Channel-Kommunikation mittels zusätzlicher Medien wie vor allem E-Mails durchgeführt. Die Back-Channel-Kommunikation sollte dabei nicht den Diskussionsinhalt beeinflussen, sondern diente dem Ziel, die Gruppendiskussionen neben bzw. „hinter" der „vordergründigen" Hauptkommunikation gewissermaßen „en passant" zu stimulieren.

Von einer intensiven, motivierenden Moderationskommunikation (oder auch „Beziehungsarbeit") und der Stärkung des Commitments durch Aufhebung oder Relativierung der Anonymität in der Diskussionsgruppe kann eine höhere Motivation der Teilnehmer/-innen erwartet werden, was sich u. a. an einer höheren Beteiligung, einer größeren Aktivität der aktiven Teilnehmer/-innen (Beiträge pro Teilnehmer/-in) sowie an einer hohen Interaktivität der Diskussion zeigen sollte.

2.2 Der konkretisierte Forschungsplan

Die Umsetzung der in Abschnitt 2.1 skizzierten Überlegungen und ihre Übersetzung in ein Forschungsdesign, das die dargelegten Vergleichskategorien hinreichend berücksichtigt, erfordert (oft nicht einfache) Entscheidungen, die das Spektrum schier unendlicher Kombinationsmöglichkeiten der grundlegenden Merkmale plausibel begrenzen. Dies erfolgte im Projekt „Forumsdiskussionen im Internet als qualitatives Forschungsinstrument" in zwei Forschungsschritten: Zunächst wurden in (möglichst[4]) gleich leitfadenmoderierten Forumsdiskussionen die Merkmale Gruppengröße, Diskussionsdauer und Multi-Threading systematisch variiert (s. 2.2.1). Nachdem auf diese Weise die Bedeutung dieser eher „technischen" Aspekte umfassend untersucht und weitgehend geklärt werden konnte, wurden in einer zweiten Untersuchungsrunde non-direktiv moderierte Forumsdiskussionen durchgeführt, bei denen der Kommunikationsstil systematisch variiert wurde (vgl. 2.2.2). Die Gruppengröße, die Diskussionsdauer und das Multi-Threading wurden dagegen für alle Gruppen gleich gestaltet, und zwar orientiert an den Werten, die sich in der ersten Untersuchungsrunde als günstig erwiesen hatten.

2.2.1 Erstes experimentell-vergleichendes Design: leitfadenmoderierte Diskussionen

In der ersten Untersuchungsrunde wurden zwölf unterschiedlich gestaltete Forumsdiskussionen mit insgesamt 308 Teilnehmer/-innen durchgeführt. Alle Forumsdiskussionen wurden anhand eines vorab festgelegten Leitfadens (s. Abschnitt 2.3, Tab. 2.4) moderiert.

(1) *Gruppengröße (Teilnehmerzahl)*
Wie erwähnt, kann in der Möglichkeit, Forumsdiskussionen mit größeren Gruppen durchzuführen, eine ihrer wichtigsten Stärken gesehen werden. Zugleich erfordert die Durchführung von Forumsdiskussionen aber auch eine Mindestgröße, die zwar nicht genau bestimmbar ist, sicher aber oberhalb des für Face-to-Face-Gruppendiskussionen üblichen Standards liegt. Als „kritische Masse" ist eine bestimmte Teilnehmerzahl nicht nur eine Grundvoraussetzung für die Wirkung anderer Besonderheiten von Forumsdiskussionen wie des Multi-Threading, sondern auch für eine relativ kontinuierliche Diskussion selbst. Zumindest kann vermutet werden, dass unter Bedingungen wie Alokalität, Asynchronität und einer längeren Dauer der Diskussion mit sinkender Teilnehmerzahl die Wahrscheinlichkeit eines „Einschlafens" der Gruppendiskussion steigt.

Aus diesen Gründen wurden im Forschungsprojekt nur Gruppengrößen verglichen, die oberhalb der Höchstgrenze von Face-to-Face-Gruppendiskussionen (ca. 10–12 Personen; vgl. Kühn/Koschel 2011: 86) lagen. Im experimentellen Design wurden zwei grundsätzliche Gruppengrößen untersucht (im Folgenden auch: „große" und „kleine" Gruppen). Die sechs kleinen Gruppen wurden mit jeweils 15 Personen durchgeführt. In dieser Gruppenstärke ist face to face eine intensive Diskussion be-

---

4 Eine vollständig gleiche Moderation anhand eines Leitfadens ist nicht möglich bzw. würde die Selbstläufigkeit und Dynamik der Gruppendiskussionen im Keim ersticken.

reits kaum mehr möglich, aber zumindest noch ein gewisser Austausch zwischen dem Großteil der Teilnehmer/-innen (vgl. Rauch 1983; Stange/Holzmann 2009).

Die vermutete Stärke von Forumsdiskussionen, auch bei größeren Gruppen einen intensiven Austausch zwischen allen Teilnehmer/-innen zu ermöglichen, sollte sich daher hier aufzeigen lassen. Für die sechs „großen" Gruppen wurde eine Teilnehmerzahl von mindestens 30 und maximal 50 Teilnehmer/-innen angestrebt. Durch die Mindestgröße scheint ein hinreichender Abstand gesichert, um die Auswirkung unterschiedlicher Gruppengrößen beurteilen zu können.[5] Infolge der relativ erfolgreichen Rekrutierung (s. Abschnitt 2.3) konnten zwei Gruppen mit 50 Teilnehmer/-innen durchgeführt werden, während die anderen vier Gruppen mit jeweils 30 Teilnehmer/-innen die Diskussion aufnahmen. Insgesamt wurden also drei Gruppengrößen untersucht, wobei der aus unserer Sicht wichtige Unterschied der zwischen „kleinen", face-to-face-ähnlichen und „großen" Gruppen (30–50 Teilnehmer/-innen) war.[6]

(2) *Dauer der Diskussion*

Eine (notwendig) längere Dauer kann als ein weiteres herausragendes Merkmal von Forumsdiskussionen gelten. Eine enge Anlehnung an klassische Formen der Gruppendiskussion erschien daher nicht sinnvoll. Auch weil zur Entfaltung des Potenzials von Forumsdiskussionen eine Mindestdauer erforderlich ist, die deutlich über der synchroner Formen liegt, wurde von einer zeitlich sehr kurzen Variante abgesehen. Die Wirkung der Diskussionsdauer wurde für zwei Grundvarianten untersucht:

Zum einen wurden Forumsdiskussionen zwar in einem größeren zeitlichen Rahmen durchgeführt, aber zugleich (für die Teilnehmer/-innen sichtbar) zeitlich begrenzt. So wurde für insgesamt sechs Forumsdiskussionen (je drei „große" und „kleine") eine Laufzeit von einem Monat festgelegt (s. Tabelle 2.2). Dieser Zeitraum sollte für die Entfaltung einer Gruppendiskussion in einem Webforum ausreichen.

Die anderen Forumsdiskussionen wurden dagegen ohne zeitliche Begrenzung durchgeführt. In diesen (ebenfalls wieder drei „großen" und drei „kleinen") Gruppen konnte sich somit eine „natürliche" Diskussionsdynamik ungehindert von zeitlichen Restriktionen entfalten. Die (Leitfaden-)Moderation wurde jedoch nach drei Monaten eingestellt.

---

5 Die Festlegung einer Obergrenze ist nicht zwingend erforderlich. Pragmatisch wurde die Teilnehmerzahl aber auf max. 50 Teilnehmer/-innen begrenzt, was in etwa auch den üblichen Obergrenzen von Großgruppendefinitionen entspricht, ohne dass es hierfür eindeutige Abgrenzungskriterien gibt (vgl. Rauch 1983: 259).

6 Es hat sich überdies schnell gezeigt, dass die Unterschiede zwischen den 30er- und 50er-Gruppen eher gering sind, dass mit der Zahl 30 also bereits ein „qualitativer Sprung" zur Großgruppe vollzogen worden ist. Unterschiede zwischen großen und sehr großen Gruppen werden in den empirischen Analysen (Kapitel 3–6) daher auch keine besondere Rolle spielen.

Tab. 2.2: Merkmale der leitfadenmoderierten Forumsdiskussionen (Quelle: eigene Darstellung)

Gruppe	Teilnehmer/-innen	Dauer der Diskussion	Multi-Threading
1	15	1 Monat	durch Moderation
2	15	1 Monat	durch Moderation und Teilnehmer/-innen
3	15	1 Monat	kein Multi-Threading
4	15	unbegrenzt[b]	durch Moderation
5	15	unbegrenzt	durch Moderation und Teilnehmer/-innen
6	15	unbegrenzt	kein Multi-Threading
7	30	1 Monat	durch Moderation
8	50	1 Monat	durch Moderation und Teilnehmer/-innen
9	50	1 Monat	kein Multi-Threading
10	30	unbegrenzt	durch Moderation
11	29[a]	unbegrenzt	durch Moderation und Teilnehmer/-innen
12	29[a]	unbegrenzt	kein Multi-Threading
Gesamt	**308**		

[a] In den Gruppen 11 und 12 ist jeweils ein/e Teilnehmer/-in noch während der laufenden Forumsdiskussion ausgestiegen. Auf Wunsch dieser Teilnehmer/-innen wurden die bis dahin von ihnen geposteten Beiträge gelöscht.
[b] Die als zeitlich unbegrenzt konzipierten Gruppendiskussionen wurden jeweils (erst) nach ihrem „natürlichen Ende" auch technisch beendet.

(3) *Multi-Threading*

Das Multi-Threading ist ein Alleinstellungsmerkmal von Forumsdiskussionen und wurde hinsichtlich seiner Wirkung auf den Diskussionsverlauf zunächst grundlegend untersucht. Es wurden hierzu sowohl Forumsdiskussionen mit als auch ohne Multi-Threading durchgeführt. Forumsdiskussionen mit Multi-Threading wurden wiederum in zwei Grundformen untersucht: Bei der einen Variante erfolgte das Setzen von Threads ausschließlich durch die Moderation. Dagegen konnten bei der anderen Variante auch Teilnehmer/-innen neue Threads eröffnen. Die Moderation war zudem angehalten, flexibel auf entstehende Diskussionsbedarfe, die sich für neue Threads eignen, zu reagieren und entsprechend neue Threads zu initiieren. Während also in der ersten Variante das Multi-Threading als eine besondere Form der Steuerung eingesetzt wurde, war sie (weil Teilnehmer/-innen Threads eröffnen konnten) im zweiten Fall primär ein Mittel, um die Selbstläufigkeit und Eigendynamik der Diskussion (z. T. auf Kosten der Steuerungsmöglichkeiten durch die Moderator/-innen) zu stärken. Entsprechend unterschiedliche Wirkungen auf den Diskussionsverlauf konnten erwartet werden.

Die Eröffnung von Threads durch die Diskussionsleitung erfolgte nach einem festen, vorher festgelegten und für alle Settings (Gruppengröße; Dauer) äquivalenten Leitfaden (s. Abschnitt 2.3, Tab. 2.4), von dem nur in begründeten Ausnahmefällen (etwa wenn die Diskussion abzubrechen drohte) abgewichen wurde. Die Eröffnung neuer Threads durch Teilnehmer/-innen unterlag der Kontrolle der Moderation, der auch das nachträgliche Löschen neuer Threads möglich war.[7]

Die drei Varianten des Multi-Threading (durch die Moderation, durch Teilnehmer/-innen und Moderation, kein Multi-Threading) wurde gleichmäßig mit den Merkmalen Gruppengröße und Diskussionsdauer variiert. Hieraus ergeben sich insgesamt zwölf Kombinationsmöglichkeiten mit einem jeweils eigenen Setting (s. Tabelle 2.2). Für jede dieser Kombinationsmöglichkeiten wurde jeweils eine Forumsdiskussion durchgeführt.

2.2.2 Zweites experimentell-vergleichendes Design: non-direktiv moderierte Diskussionen

Mit den mehrfach variierten leitfadenmoderierten Gruppendiskussionen konnte die Bedeutung der eher technischen Größen Teilnehmerzahl, Diskussionsdauer und Multi-Threading weitgehend geklärt werden. In einem zweiten experimentellen Design wurden daher die beiden anderen (in Abschnitt 2.1 vorgestellten) Merkmale in den Vordergrund gerückt, die beide die Interaktion zwischen Moderation und Teilnehmer/-innen bzw. unterschiedliche Aspekte der Moderierung fokusieren. Dagegen wurden die Teilnehmerzahl (12 Teilnehmer/-innen) und die Diskussionsdauer (8 Wochen) auf Größen konstant gehalten, die aufgrund der Ergebnisse der ersten Untersuchungsrunde als günstig anzusehen sind. Die Möglichkeit, als Teilnehmer/-in eigene Threads zu eröffnen, war jetzt in allen Diskussionsgruppen gegeben. In dieser zweiten Untersuchungsrunde wurden acht Forumsdiskussionen mit insgesamt 93 Teilnehmer/-innen durchgeführt (s. Tabelle 2.3).

Alle Gruppen der zweiten Untersuchungsrunde wurden non-direktiv moderiert, wurden also deutlich weniger durch die Moderation strukturiert, die sich im Forum hauptsächlich darauf beschränkte, auf die Beiträge der Teilnehmer/-innen zu reagieren, und auf eigene Themensetzungen und Thread-Eröffnungen (abgesehen vom Eingangsstimulus und einer das Ende der Forumsdiskussion ankündigen Abschlussfrage) verzichtete. Neben dem Wegfall des für den ersten experimentellen Aufbau konstitutiven Aspekts einer möglichst gleichmäßigen, kontrollierten Moderation, sollte diese Konzentration auf non-direktiv moderierte Diskussionen vor allem einen Vergleich der beiden grundlegenden Moderationsformen ermöglichen.

Die zentrale und im Feld der Gruppendiskussionsforschung weit geteilte Annahme, die dem zugrunde liegt, ist, dass sich die allgemeine Form der Moderation maßgeblich auf die Qualität der in Gruppendiskussionen gewonnenen Daten auswirkt. So ist zumindest für Face-to-Face-Gruppendiskussionen behauptet worden, dass diese zurückhaltend moderiert selbstläufiger und interaktiver sind als bei einer stärkeren

---

7 Diese Funktion ist u. a. deshalb wichtig, um sog. Off-Topics (sachfremde, im Extremfall auch strafbare Beiträge) einschränken bzw. unterbinden zu können.

Strukturierung mittels eines Leitfadens. Ob dies in ähnlicher Weise auch für Forumsdiskussionen zutrifft, war allerdings bisher noch vollkommen ungeklärt. In den späteren Analysen (Kapitel 3–6) wird daher auch immer wieder auf Unterschiede zwischen leitfadenmoderierten und non-direktiv moderierten Forumsdiskussionen eingegangen.

Unterhalb der Ebene der grundlegenden Moderationsform wurden Merkmale von Forumsdiskussionen variiert, die in Abschnitt 2.1 zusammenfassend als Kommunikationsstil bezeichnet wurden. So wurde der größere Teil der non-direktiv moderierten Gruppen intensiv „betreut", indem mit den Teilnehmer/-innen (zusätzlich) im Back Channel kommuniziert wurde. Diese Kommunikation, die in Form von E-Mails und sog. PN („persönliche Nachrichten") stattfand, zielte darauf, durch positive Feedbacks auf „gepostete" Beiträge und Interesse signalisierenden Kommentierungen die Motivation und das Commitment der Teilnehmer/-innen zu erhöhen bzw. zu erhalten. Dabei wurde ein persönlich-informeller Sprachcode benutzt. Nur bei zwei Forumsdiskussionen (Gruppen 7 und 8 in Tab. 2.3) wurde, um einen entsprechenden Vergleich zu ermöglichen, auf diese Form einer „intensiven" Moderation verzichtet.

Auch das zweite hier variierte Merkmal, die Bekanntheit bzw. die Vertrautheit der Teilnehmer/-innen untereinander und mit dem Forschungsteam (und dem Forschungsziel), zielte auf die Motivation und das Commitment der Teilnehmer/-innen. So wurden mit zwei Gruppen vor Beginn der Forumsdiskussionen Face-to-Face-Treffen durchgeführt, in denen sich die (späteren) Teilnehmer/-innen gegenseitig kennenlernen konnten und auch das Forschungsteam und das Forschungsziel vorgestellt wurden. In drei Gruppen fand eine wechselseitige Vorstellung vor Beginn der Diskussionen „nur" Online (im Webforum) statt. In den übrigen Gruppen erfolgte keinerlei Vorstellung; sie wurden (wie auch die leitfadenmoderierten zuvor) in voller wechselseitiger Anonymität durchgeführt (s. Tabelle 2.3).

Tab. 2.3: Merkmale der non-direktiv moderierten Forumsdiskussionen (Quelle: eigene Darstellung)

Gruppe	Teilnehmerzahl	Moderationsaktivität	Vorstellung der Teilnehmer/-innen
1	12	intensiv	face to face
2	9[a]	intensiv	face to face
3	12	intensiv	online (im Forum)
4	12	intensiv	online (im Forum)
5	12	intensiv	keine
6	12	intensiv	keine
7	12	zurückhaltend	online (im Forum)
8	12	zurückhaltend	keine
Gesamt	**93**		

[a] Die geringere Fallzahl in dieser Gruppe war die Folge einer eher geringen Bereitschaft potenzieller Teilnehmer/-innen, an einem Face-to-Face-Kennenlerntreffen teilzunehmen.

2.3 Zur Durchführung der Forumsdiskussionen

Für ein methodenexperimentelles Design ist die Frage des thematischen Gegenstandes und der Zusammensetzung der Diskussionsgruppen primär von indirektem, „technischem" Interesse: Worüber diskutiert wird und wer diskutiert, sollte möglichst keinen unkontrollierten Einfluss auf den Diskussionsverlauf haben, denn das würde eine systematische Beobachtung der Effekte der variierten Merkmale konterkarieren. Gleiches gilt auch für andere Merkmale wie die Form der Moderation. Um eine hohe Vergleichbarkeit herzustellen, sollten alle Merkmale, die nicht Gegenstand des experimentellen Vergleichs sind, in den einzelnen Forumsdiskussionen möglichst konstant gehalten werden.

2.3.1 Sampling, Rekrutierung und technische Durchführung der Forumsdiskussionen

Dies betrifft zunächst das Sampling und die Rekrutierung der Teilnehmer/-innen, denn gerade die Zusammensetzung der Diskussionsgruppe kann sich erheblich auf die Diskussionsdynamik auswirken. Die Gruppen, mit denen Forumsdiskussionen durchgeführt wurden, sollten sich daher hinsichtlich zentraler soziodemografischer Merkmale (insb. in der Zusammensetzung nach Geschlecht, Alter, Einkommen und Bildung) möglichst wenig unterscheiden. Eine weitere wichtige Voraussetzung für die Umsetzung des Forschungsdesigns war ein hinreichend großer Pool potenzieller Diskussionsteilnehmer/-innen (immerhin mussten insgesamt mehrere hundert Teilnehmer/-innen gewonnen werden).

Als gute Lösung dieses Zielkonfliktes zwischen einem Bedarf an einer großen Zahl von Teilnehmer/-innen und der Anforderung, möglichst homogene Diskussionsgruppen zu bilden, wurde entschieden, die Forumsdiskussionen mit Studenten und Studentinnen (der eigenen Universität) durchzuführen. Hierfür sprachen zudem forschungspraktische Gründe, denn eine Rekrutierung von Studierenden hat auch den Vorteil, dass diese bereits „vor Ort", gut erreichbar und über die Anknüpfung an universitäre Lehrveranstaltungen gut zu motivieren sind, an einer solchen Studie teilzunehmen. Eine geeignete Zielgruppe sind Studierende aber auch aufgrund ihrer relativ hohen Homogenität, der eher hohen zeitlichen Flexibilität und der Vertrautheit mit Online-Kommunikationsformen.[8]

Die Rekrutierung erfolgte auf verschiedenen Wegen, und zwar zum einen über E-Mailverteiler, zum anderen „offline" durch Vorstellung des Forschungsprojekts in Vorlesungen und durch die Verteilung von Flyern. Zusätzlich wurden die Studieren-

---

8 In der konkreten Umsetzung wurden Studierende der Universität Duisburg-Essen für die Teilnahme an den Forumsdiskussionen rekrutiert. Die leitfadenmoderierten Forumsdiskussionen wurden ausschließlich mit Student/-innen der Fakultät für Bildungswissenschaften durchgeführt (s. Anhang A.2).

den, die auf diesen Wegen erreicht wurden, um Weitergabe der Informationen an ihnen bekannte Kommilitonen gebeten. Als Anreiz zur Teilnahme erhielten alle Teilnehmer/-innen eine „Aufwandsentschädigung" von 20 € (nur für die Anmeldung im Forum, also unabhängig davon, ob Beiträge gepostet wurden). Auf diesem Wege konnte die erforderliche Zahl von Teilnehmer/-innen realisiert werden.

Die Forumsdiskussionen wurden in einem eigens dafür eingerichteten und vom Forschungsteam verwalteten Webforum („Leistung und Erfolg bei Studierenden"; s. Anhang A.5) durchgeführt, das nur für angemeldete Teilnehmer/-innen zugänglich war.[9] Bei der Verteilung der Student/-innen auf die einzelnen Diskussionsgruppen wurde darauf geachtet, dass keine willkürlichen Ungleichgewichte entstehen und die Diskussionsgruppen ähnlich zusammengesetzt sind.[10]

Für die Teilnahme war eine einfache Anmeldung ausreichend (außer bei Gruppen mit „Vorstellung"). Seitens der Moderation wurden dabei nur die Universitätszugehörigkeit und der Studierendenstatus kontrolliert und ein Zugangscode vergeben. Die Teilnehmer/-innen mussten ein Pseudonym („Nickname") wählen, das keine Rückschlüsse auf ihre Identität zuließ.[11] Sobald genug Teilnehmer/-innen angemeldet waren, wurden die Forumsdiskussionen jeweils mit einem Eingangsstimulus der Moderation gestartet.

2.3.2 Thema und Moderation der Forumsdiskussionen

Auch wenn Studierende aus den genannten Gründen eine geeignete (gut motivierte) Zielgruppe sind, stehen Forumsdiskussionen dennoch vor dem Problem, eine hinreichend große Zahl von Teilnehmer/-innen über die benötigten langen Zeiträume zu einer möglichst aktiven Teilnahme zu motivieren. Der Gegenstand der Diskussion sollte daher für die Teilnehmer/-innen möglichst anregend sein. Gleichzeitig muss das Diskussionsthema aber auch über alle Forumssettings konstant bleiben, um Effekte unterschiedlicher Themensetzungen auf die Diskussionsdynamik und die Art der gewonnenen Daten auszuschließen. Der Gegenstand der Forumsdiskussionen musste daher auch allgemein genug sein, um die gesamte Zielgruppe „anzusprechen". Diese

---

9 Die Teilnehmer/-innen konnten neben den allgemeinen Hinweisen und Informationen (u. a. die Forumsregeln; s. Anhang A.5) nur ihre eigene Forumsdiskussion lesen und auch nur dort Beiträge verfassen. Dies sollte verhindern, dass Teilnehmer/-innen an mehreren Forumsdiskussionen teilnehmen oder „fremde" Forumsdiskussionen beobachten (Lurking). Auch eine Kontaktaufnahme zu anderen Teilnehmer/-innen außerhalb des Forums war nicht möglich. Dagegen war die Moderation für die Teilnehmer/-innen auch individuell jederzeit erreich- und ansprechbar.

10 Um möglichst auszuschließen, dass befreundete Studierende (vermutlich wechselseitig nicht-anonym) an derselben Diskussion teilnehmen, wurden Teilnehmer/-innen, die sich in einem engen zeitlichen Abstand anmeldeten, auf unterschiedliche Forumsdiskussionsgruppen verteilt.

11 Dies diente in erster Linie dem Schutz der Teilnehmer/-innen, die sich auch bei einer pseudonymisierten Teilnahme ggf. wechselseitig hätten identifizieren können.

Tab. 2.4: Leitfadenfragen (nur erste experimentelle Untersuchungsrunde) (Quelle: eigene Darstellung)

Themenbereiche[a]	Erläuterung
Eingangsstimulus: Leistung und Erfolg bei Studierenden	Erfahrungen im Studium mit dem Thema „Leistung" (Stärke und Formen von Leistungsanforderungen)
Was ist Leistung (eigentlich)?	Austausch über die unterschiedlichen Vorstellungen darüber, was Leistung ist
Leistungsprinzip	Was verstehen die Teilnehmer/-innen unter dem „Leistungsprinzip"?
Leistung und Erfolg in anderen Bereichen	Welche Rolle spielen Leistung und Erfolg in anderen Lebensbereichen (Beruf, Familie/Partnerschaft, Sport, eigener Körper)?
Leistung und Erfolg	Welchen Zusammenhang sehen die Teilnehmer/-innen zwischen „Leistung" und „Erfolg"?
Was ist Erfolg?	Was verstehen die Teilnehmer/-innen unter „Erfolg"?
Von der Leistungs- zur Erfolgsgesellschaft?	Wird von den Teilnehmer/-innen ein gesellschaftlicher Wandel in Bezug auf Leistung und Erfolg wahrgenommen?
Abschlussfrage	Als wie „leistungsgerecht" wird die Teilnahmeentlohnung[b] an der eigenen Forumsdiskussion empfunden?

[a] In den Gruppen mit Multi-Threading jeweils in eigenen Threads, sonst in den „linearen" Diskussionsstrang gesetzt.
[b] Alle Teilnehmer/-innen erhielten eine Aufwandsentschädigung (20 €), unabhängig davon, ob und wie sehr sie sich aktiv beteiligten.

Anforderungen erfüllt(e) u. E. das Thema „Leistung und Erfolg bei Studierenden", das daher den thematischen Gegenstand der Forumsdiskussion bildete.[12] Diskussionsanreize (Leitfadenfragen) wurden für die leitfadenmoderierten Interviews auf wenige Themenbereiche und optionale Nachfragen begrenzt (s. Tabelle 2.4; für den ausführlichen Leitfaden vgl. Anhang A.3). Bei den non-direktiv moderierten Forumsdiskussionen waren nur der Eingangsstimulus und die Abschlussfrage als Moderationsbeiträge vorgesehen.

Die Betreuung der Foren erfolgte durch eine geschulte Gruppendiskussionsleitung, deren Aufgaben in weiten Teilen denen einer Diskussionsleitung bei konventionellen Gruppendiskussionsverfahren entsprachen (u. a. Eröffnung der Diskussion durch Themensetzung und Anfangsstimulus, Motivierung der Teilnehmer/-innen, Kontrolle der Einhaltung von Kommunikationsregeln, ggf. Einleitung von Themenwechseln). Besonderheiten bei Forumsdiskussionen bestehen vor allem in der ande-

---

12 Da die inhaltliche Ausrichtung der Forumsdiskussionen für die Ziele der methodenexperimentellen Untersuchung von untergeordneter Bedeutung ist, wird hier auf eine ausführliche Darlegung der Diskussionsthemen verzichtet. Aus dem Leitfaden (Tab. 2.4) können aber erste Hinweise entnommen werden.

ren Art der Gestaltung und Steuerung. Anders als vielfach vermutet, verfügen jedoch auch Online-Moderator/-innen über verschiedene Mittel zur Gestaltung des Diskussionsverlaufs. Hierzu gehören u. a. das Editieren und Kommentieren von Beiträgen, das Ansprechen aller oder einzelner Teilnehmer/-innen (im Webforum, durch E-Mails oder auch „offline"), die Möglichkeit, im größeren Umfang Bild-, Video- und externe Textmaterialien in die Diskussion einzubeziehen, sowie die Verwarnung und der Ausschluss von Teilnehmer/-innen.[13]

Die Forumsdiskussionen der beiden Untersuchungsdurchgänge wurden jeweils parallel durchgeführt, im ersten Durchgang also zwölf leitfadenmoderierte und im zweiten acht non-direktiv moderierte Forumsdiskussionen. Ein solches paralleles Moderieren ist natürlich nur möglich, weil Forumsdiskussionen asynchron und vergleichsweise „langsam" sind. Vor allem aufgrund der vielen Aktivitäten außerhalb des Forums (insb. die Back-Channel-Kommunikation), weil die Forumsdiskussionen kontinuierlich beobachten werden müssen und wegen der Notwendigkeit, das Moderationsvorgehen im Forschungsteam abzusprechen und zu koordinieren, sind mit den realisierten Größenordnungen nach unseren Erfahrungen allerdings auch die kognitiven und kapazitiven Grenzen eines kleineren Forschungsteams erreicht.[14]

Auswertung der Methodenexperimente

Um die Wirkungen der untersuchten Merkmale zu beurteilen, wurden die umgesetzten Forumsdiskussionen einem zweistufigen Analyseprozess unterzogen und dabei miteinander verglichen. Der erste Schritt bestand in der genauen Erfassung und Analyse spezifischer, leicht „messbarer" Merkmale bzw. Effekte. Dies waren insbesondere die:
–   Zahl der sich aktiv an der Diskussion beteiligenden Teilnehmer/-innen
–   Zahl der Beiträge pro (aktivem/-r) Teilnehmer/-in
–   Länge der Beiträge
–   Häufigkeit und Art der Bezugnahme auf andere Beiträge und Teilnehmer/-innen
–   Häufigkeit paralleler Diskussionen und die Bildung von Subgruppen
–   Länge der Themenbehandlung; Anzahl unterschiedlicher Themen
–   Zufriedenheit/Motivation der Teilnehmer/-innen

---

13 Forumsdiskussionen können grundsätzlich ganztägig stattfinden. Um Missbrauchsmöglichkeiten und den Moderationsaufwand zu begrenzen, wurden die Forumsdiskussionen jedoch nur zwischen 8 und 24 h geöffnet.
14 Dies gilt zumindest unter der u. E. nicht hintergehbaren Maßgabe, dass die verantwortlichen Forscher/-innen während des gesamten Erhebungszeitraums einen vollständigen Überblick über die Diskussionsverläufe haben sollten.

Diese Merkmale konnten überwiegend direkt gemessen werden oder ergaben sich aus einfachen inhaltsanalytischen Verfahren (z. B. der formalen Beschreibung des Diskussionsverlaufs). Informationen über die Teilnehmer/-innen (z. B. über ihre Motivation, die Beurteilung der eigenen Forumsdiskussion oder die Einschätzung der Moderation) wurden zudem durch eine Nachbefragung der Teilnehmer/-innen mit einem Kurzfragebogen erfasst.

Die Analyse derart messbarer Faktoren vermittelt einen ersten und noch allgemeinen Eindruck über die Wirkung der variierten Merkmale auf den Diskussionsverlauf und die Gruppendynamik. In einem zweiten Analyseschritt wurden daher auch Faktoren untersucht, die nur interpretativ bestimmbar sind. Hierbei handelt es sich um die Selbstläufigkeit der Diskussion, die Spontanität und Reflektiertheit der Beiträge, die Intensität bzw. Interaktivität der Diskussion sowie die Qualität der in den Forumsdiskussionen erzeugten Textdaten (vgl. Kapitel 3–6).

Diese Faktoren können nicht unmittelbar aus den Diskussionsprotokollen abgelesen werden. Ihre fundierte Einschätzung erforderte eine nicht nur formale, sondern auch eine interpretativ vergleichende Analyse der Diskussionsverläufe, auf deren Basis die Kriterien für die Beurteilung dieser vier Merkmale erst entwickelt werden mussten. Hierfür wurden die Forumsdiskussionen vollständig kodiert und an der Grounded Theory Methodology (Strauss 1994; Strauss/Corbin 1990) orientiert[15] ausgewertet. Zur Untersuchung der Forschungsfrage wurden zudem einzelne Diskussionsverläufe rekonstruiert und kontrastiert. Hierfür wurde auf die Dokumentarische Methode der Interpretation (Bohnsack 2014; Przyborski 2004) zurückgegriffen.

2.4 Basisinformationen über die durchgeführten Forumsdiskussionen

Bevor in den folgenden Kapiteln die empirischen Analysen des Methodenexperiments ausführlich dargelegt werden, soll hier zunächst ein Überblick über einige Basisinformationen der durchgeführten Forumsdiskussionen gegeben werden.

2.4.1 Leitfadenmoderierte Forumsdiskussionen

Die 12 leitfadenmoderierten Forumsdiskussionen wurden (mit den bereits erwähnten, insg. geringen Modifikationen) wie vorgesehen durchgeführt.

Hinsichtlich der *Gruppengröße* zeigte sich zunächst erwartungsgemäß, dass die kleinen Gruppen mit 15 angemeldeten Teilnehmer/-innen einen höheren Anteil akti-

---

15 Da hier primär formale Aspekte der Diskussionen (z. B. Bezugnahmen, Themenwechsel) untersucht wurden, bildeten diese auch die Grundlage für die Kodierung. Die Anlehnung an die Grounded Theory Methodology beschränkte sich daher wesentlich auf den Schritt des offenen Kodierens.

Tab. 2.5: Experimentelles Design (leitfadenmoderierte Forumsdiskussionen) (Quelle: eigene Darstellung)

Gruppe	Teilnehmer/ -innen	aktive Teilnehmer/ -innen	Beiträge	Dauer	Multi-Threading
1	15	12	72	1 Monat	Moderation
2	15	9	26	1 Monat	Moderation und Teilnehmer/-innen
3	15	10	27	1 Monat	keine
4	15	10	26	unbegrenzt	Moderation
5	15	11	43	unbegrenzt	Moderation und Teilnehmer/-innen
6	15	11	43	unbegrenzt	keine
7	30	14	33	1 Monat	Moderation
8	50	26	67	1 Monat	Moderation und Teilnehmer/-innen
9	50	26	59	1 Monat	keine
10	30	19	67	unbegrenzt	Moderation
11	29	12	50	unbegrenzt	Moderation und Teilnehmer/-innen
12	29	17	53	unbegrenzt	keine
Gesamt	**308**	**177**	**566**		

ver Teilnehmer/-innen als die größeren Forumsdiskussionsgruppen aufweisen (s. Tabelle 2.5, Spalte 3). So haben sich bei den kleinen Gruppen insg. 63 Teilnehmer/-innen aktiv mit mindestens einem Diskussionsbeitrag an der Diskussion beteiligt. Das entspricht einem Anteil von 70 %. In den größeren Gruppen haben sich zwar insgesamt 114 Teilnehmer/-innen aktiv beteiligt, also fast doppelt so viele; der „Ausschöpfungsgrad" ist allerdings deutlich geringer: Nur wenig mehr als die Hälfte (52 %) der angemeldeten Teilnehmer/-innen hat hier (mind.) einen Beitrag verfasst.

Umgekehrt bedeutet dies, dass es in den größeren Gruppen mehr sog. „No-Shows", das sind angemeldete Teilnehmer/-innen, die sich aber nie eingeloggt haben, und „Lurker", also angemeldete Teilnehmer/-innen, die sich zwar eingeloggt haben (und womöglich die Diskussion verfolgen), aber keinen eigenen Beitrag verfasst haben, gibt als in den kleinen Gruppen.[16]

Ein ähnliches Bild zeigt auch die Anzahl der Beiträge. So „generieren" die größeren Gruppen insgesamt mehr Beiträge als die kleinen. Aber zum einen ist der Unterschied nicht sehr groß (329 zu 237) und, wie insbesondere die erste Gruppe mit der

---

[16] In den kleinen Gruppen gab es insgesamt 17 Lurker und 10 No-Shows (durchschnittl. 4,5 Inaktive pro Gruppe); in den größeren Gruppen waren es 76 Lurker und 28 No-Shows (durchschnittl. 17,3 Inaktive pro Gruppe). Das „Lurking" (Beobachten von Foren) ist in Webforen weit verbreitet und die Zahl der Lurker übersteigt die der aktiven Teilnehmer/-innen meist bei Weitem (vgl. Stegbauer/Rausch 2001). Im Vergleich dazu ist die Zahl der Lurker und No-Shows hier also noch eher gering; Gleiches gilt aber auch für die Vergleichbarkeit unserer Forumsdiskussionen mit strenger Teilnahmereglementierung und sonst oft offenen und öffentlichen Webforen.

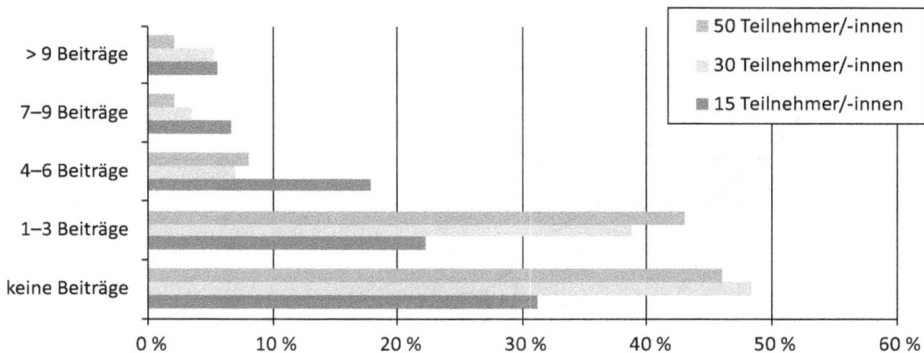

Abb. 2.1: Beiträge pro Teilnehmer/-in nach Gruppengröße (leitfadenmoderiert; in Prozent) (Quelle: eigene Darstellung)

höchsten Beitragszahl zeigt, nicht zwingend; zum anderen ist auch hier der Anteil von Teilnehmer/-innen, die mehrere Beiträge verfassen geringer (vgl. Abb. 2.1). Insbesondere der Anteil von Teilnehmer/-innen, die stärker engagiert sind (mehr als vier Beiträge), ist in den kleineren Gruppen deutlich höher als in den größeren. Die Unterschiede zwischen den 30er- und den 50er-Gruppen sind dagegen vergleichsweise gering.

Die Annahmen hinsichtlich der *Diskussionsdauer* (s. Abschnitt 2.1) haben sich nicht bestätigt. Unterschiede zwischen den Gruppen mit unterschiedlicher Diskussionsdauer sind kaum zu erkennen. Dies gilt sowohl für die Anzahl der Beiträge als auch für den Anteil der aktiven Teilnehmer/-innen.[17] Wie in der Nachbefragung deutlich wurde, erwies es sich als eher kontraproduktiv, Forumsdiskussionen „open-ended" durchzuführen: Denn dies führte bei vielen Teilnehmer/-innen zu Verunsicherungen und verleitete sie dazu, den Einstieg in die Diskussion zu lange hinauszuzögern.

Wie lange Teilnehmer/-innen bereit sind, sich aktiv an einer Forumsdiskussion zu beteiligen, wird vermutlich aber auch immer vom Thema und der (stärker oder schwächer motivierenden) Moderation abhängen. Hier jedenfalls konnte kein Zusammenhang zwischen der Dauer einer Forumsdiskussion und der Aktivität der Teilnehmer/-innen festgestellt werden. Dies zeigt auch ein Vergleich der Beitragsaktivität über die Diskussionszeiträume (s. Abbildung 2.2). Die Formel „mehr Zeit ist mehr Diskussion" hat sich zumindest als zu einfach erwiesen. Darüber hinaus kann ver-

---

17 Die Beitragszahlen sind praktisch identisch, sodass auch die Unterschiede in der Gruppengröße (beide 50er-Gruppen hatten eine begrenzte Diskussionsdauer) nicht ursächlich dafür sein können, dass längere Diskussionen nicht zu mehr Beiträgen geführt haben. Der Anteil der aktiven Teilnehmer/-innen konnte wegen der unterschiedlichen Größen der großen Gruppen nur für die kleinen Gruppen verglichen werden.

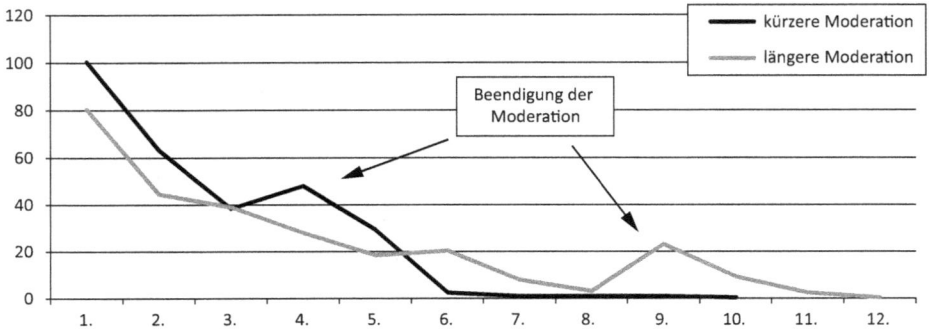

Abb. 2.2: Beiträge nach Diskussionsdauer (leitfadenmoderierte Gruppen) – Anmerkung: zusammengefasste Werte aller leitfadenmoderierten Forumsdiskussionen; Angaben in Wochen und Häufigkeiten (Quelle: eigene Darstellung)

mutet werden, dass es auch bei Forumsdiskussionen so etwas wie einen „natürlichen Verlauf" und ein entsprechendes Abebben der Diskussion gibt.[18]

Eher ambivalent sind die Resultate zum *Multi-Threading*, das die parallele Verfolgung mehrerer Diskussionsstränge und dadurch eine stärkere Orientierung an den Interessen der Teilnehmer/-innen ermöglicht. So wurde die Option, selbst eigene Threads zu eröffnen, von den Teilnehmer/-innen schlicht nicht genutzt. Dies kann u. a. auf die geringe Dauer der Diskussionen und die häufige und regelmäßige Moderation zurückzuführen sein, vielleicht aber auch darauf, dass die Teilnehmer/-innen zu wenig auf die Möglichkeit einer eigenen Thread-Eröffnung aufmerksam gemacht wurden. Zumindest begründeten einige Teilnehmer/-innen ihre diesbezügliche Inaktivität in der Nachbefragung mit einer entsprechenden Unkenntnis.

Die von der Moderation eröffneten Threads wurden unterschiedlich gut angenommen.[19] Zwar ist es in keinem Fall zu einer „Abwanderung" in einen neuen Thread gekommen und der erste (Haupt)-Thread mit dem Eingangsstimulus blieb in allen Fo-

---

18 Ein „natürlicher Verlauf" wird zumindest für Face-to-Face-Gruppendiskussionen immer wieder festgestellt (Kühn/Koschel 2011: 220 ff.) und kann u. a. auf physische Ermüdungserscheinungen zurückgeführt werden. Um einschätzen zu können, ob es ein ähnliches Phänomen auch bei Forumsdiskussionen gibt, wären Vergleichswerte von anderen Forumsdiskussionen (auch solchen, die nicht für Forschungszwecke eingesetzt wurden) notwendig; entsprechende Daten sind uns aber nicht bekannt. Welche Ursachen eine entsprechende „Ermüdung" bei Online-Diskussionen haben könnte, wäre zusätzlich zu klären.

19 Dafür, wie gut oder schlecht neue Threads angenommen werden, gibt es allerdings keinen (konsensfähigen) Maßstab. Wenn auf eine Threaderöffnung keine oder sehr wenige Beiträge erfolgen, muss dieser Thread sicher als gescheitert gelten. Was im umgekehrten Fall ein erfolgreicher Thread ist, ist sehr unklar. Selbst, ob eine Ablösung des „Mutterthread" durch einen neuen Thread als Erfolg zu werten ist, dürfte von der mit der Threaderöffnung verbundenen Absicht abhängen und kann daher nicht pauschal beurteilt werden. Wir gehen hier davon aus, dass alle neuen Threads, in denen mehrere Beiträge verfasst werden, grundsätzlich als erfolgreich anzusehen sind.

Tab. 2.6: Beitragsaktivität in leitfadenmoderierten Gruppen mit Multi-Threading (Quelle: eigene Darstellung)

Gruppe	Beiträge insg.	Beiträge im Hauptthread	Beiträge in anderen Threads
1	72	33	39
2	26	9	17
4	26	15	11
5	43	12	31
7	34	9	25
8	67	29	38
10	67	30	37
11	50	16	34
Insg.	385	153	232
Anteil		*40 %*	*60 %*

Anmerkungen:
1. Es werden nur die Forumsdiskussionsgruppen mit Multi-Threading-Option aufgeführt.
2. Die weiteren Threads (insg. 5 in jeder Forumsdiskussion) wurden alle durch die Moderation gesetzt.

rumsdiskussionen mit Multi-Threading der am stärksten frequentierte (s. Tabelle 2.6). Allerdings ist die Gesamtzahl aller in den weiteren Threads geposteten Beiträge doch deutlich höher als im Ausgangsthread. Daher kann man durchaus konstatieren, dass das Multi-Threading (im Rahmen leitfadenmoderierter Forumsdiskussionen) zumindest zu einer „Verbreiterung" der Diskussion geführt hat.

Ein Vergleich mit den vier Gruppen ohne Multi-Threading macht allerdings deutlich, dass ein Multi-Threading (der Moderation) kaum zu einer höheren Diskussionsaktivität führt (s. Abbildung 2.1).[20] Zwar generieren die Gruppen mit Multi-Threading etwas mehr Beiträge als die ohne und haben im Mittel auch etwas mehr aktive Teilnehmer/-innen. Die Unterschiede sind allerdings insgesamt so gering, dass, zumindest wenn das Ziel darin besteht, eine höhere Teilnehmeraktivität zu erzeugen, sich das immerhin auch aufwändige Multi-Threading in dieser Form nicht lohnt.

2.4.2 Non-direktiv moderierte Forumsdiskussionen

Wie in Abschnitt 2.2 beschrieben, standen in der zweiten experimentellen Untersuchungsrunde die allgemeine Moderationsform und die Kommunikation der Moderation mit den Teilnehmer/-innen im Fokus. In den acht non-direktiv moderierten Fo-

---

20 Hierbei ist allerdings einzubeziehen, dass in allen Forumsdiskussionen der gleiche Leitfaden verwendet wurde (s. 2.2), dass die Teilnehmer/-innen in Gruppen ohne Multi-Threading also die gleichen Fragen und Diskussionsanreize erhielten wie die in den Forumsdiskussionen mit Multi-Threading.

Tab. 2.7: Experimentelles Design (non-direktiv moderierte Forumsdiskussionen) (Quelle: eigene Darstellung)

Gruppe	Teilnehmer/-innen	aktive Teilnehmer/-innen	Beiträge	Teilnehmer-threads	Moderations-aktivität	Vorstellung der Teilnehmer/-innen
1	12	11	119	2	intensiv	face to face
2	9	8	46	0	intensiv	face to face
3	12	11	63	7	intensiv	online (im Forum)
4	12	9	63	0	intensiv	online (im Forum)
5	12	8	50	0	intensiv	keine
6	12	8	27	0	intensiv	keine
7	12	10	32	2	zurückhaltend	online (im Forum)
8	12	6	22	4	zurückhaltend	keine
Gesamt	**93**	**71**	**422**	**15**		

rumsdiskussionen wurden daher Merkmale variiert, von denen vermutet wurde, dass sie vor allem das Commitment der Teilnehmer/-innen beeinflussen können. Aufgrund der Merkmalkombinationen und der erwarteten Wirkungen der Merkmale (vgl. Abschnitt 2.1) ergab sich ein „hypothetisches Ranking" der Forumsdiskussionsgruppen, und zwar in der Form, dass die intensiv betreuten Gruppen mit Face-to-Face-Vorstellung (in Tab. 2.7 die Gruppen 1 und 2) die „besten" Diskussionen ergeben müssten, während vor allem für die zurückhaltend moderierten Gruppen (7 und 8) eine schwerläufige Diskussion erwartet wurde.

Nimmt man die Zahl der Beiträge und aktiven Teilnehmer/-innen als Grundlage für die Beurteilung der Güte der Forumsdiskussionen, kann die Annahme, dass Maßnahmen zur Erhöhung des Commitments der Teilnehmer/-innen zu „ergiebigeren" Forumsdiskussionen führen, in der Tendenz als bestätigt gelten. So führt eine größere Moderationsaktivität (intensiver Kommunikationsstil), aber auch eine wechselseitige Vorstellung der Teilnehmer/-innen zu einer insgesamt größeren Aktivität in den Webforen (Tab. 2.7). Vor allem war die Zahl der Beiträge pro Teilnehmer/-in bei einer intensiven Moderation deutlich höher (Abb. 2.3).

Andererseits sind aber auch die Unterschiede zwischen den Gruppen gleichen Typs oft groß (z. B. zwischen Gruppe 1 und 2). Dies ist ein klarer Hinweis darauf, dass problematische Aspekte der Gruppendynamik und andere Faktoren, die den Diskussionsverlauf beeinträchtigen können, auch bei einer Face-to-Face-Vorstellung und intensiver Moderationsarbeit im Back Channel auftreten können.[21] Auch ob Teilneh-

---

21 So kann ein Face-to-Face-Kennenlernen der Teilnehmer/-innen z. B. auch abträglich sein, etwa wenn diese sich unsympathisch sind. Aufgrund der zeitlichen Länge der Forumsdiskussionen ist der Effekt wechselseitiger Bekanntheit vermutlich auch schnell „verbraucht" (anders als bei Face-to-Face-Gruppendiskussionen). Zudem führt der lange Diskussionszeitraum dazu, dass für die Moderation nicht erkennbare (und für die Teilnehmer/-innen womöglich nicht vorhersehbare) Ereignisse und Faktoren die Teilnahmebereitschaft der einzelnen Teilnehmer/-innen erheblich beeinflussen können.

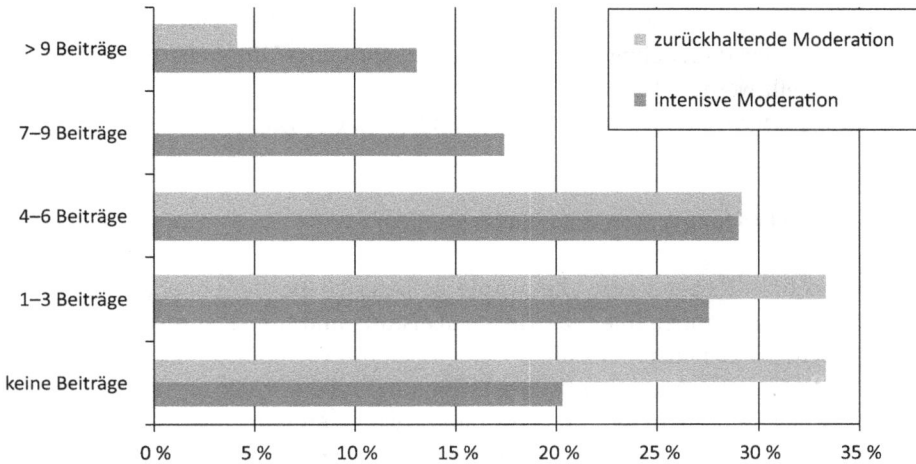

Abb. 2.3: Beiträge nach Moderationsaktivität (non-direktiv moderierte Forumsdiskussionen) (Quelle: eigene Darstellung)

mer/-innen Threads eröffnen, scheint in keinem Zusammenhang mit der Moderationsaktivität zu stehen.

2.5 Exkurs zu den Themen und Inhalten der Forumsdiskussionen

Das Projekt „Forumsdiskussionen im Internet als qualitatives Forschungsinstrument" befasste sich ausschließlich mit methodischen und methodologischen Aspekten von Forumsdiskussionen und ob bzw. wofür diese als Forschungsinstrumente in der qualitativen Sozialforschung eingesetzt werden können. Nur um dies einschätzen zu können, wurde die recht große Zahl unterschiedlich angelegter Forumsdiskussionen durchgeführt.

In den Kapiteln 3 bis 6 werden daher unterschiedliche (Qualitäts-)Merkmale von Gruppendiskussionen (wie deren Selbstläufigkeit und Interaktivität) untersucht und die durchgeführten Forumsdiskussionen auf der Basis unterschiedlicher Parameter beurteilt. Hierbei handelt es sich um allgemeine formale Merkmale, anhand derer Gruppendiskussionen unabhängig von ihrem jeweiligen Diskussionsthema unterschieden und bewertet werden können.

Worüber und mit welchen Ergebnissen „diskutiert" wurde, ist für das hier zentrale Anliegen daher eigentlich unerheblich. Dennoch kann es für das bessere Verständnis der in den nachfolgenden Kapiteln vorgestellten Ergebnisse und Analysen der methodenexperimentellen Untersuchung vielleicht nützlich sein, eine zumindest etwas klarere Vorstellung davon vermittelt zu bekommen, was den thematischen Rahmen der Forumsdiskussionen bildete, worüber die Teilnehmer/-innen der Forumsdiskussionen diskutiert haben und welche Deutungsmuster dabei deutlich wurden. Im Folgenden sollen daher einige zentrale Inhalte der durchgeführten Forumsdiskussionen vorgestellt werden. Dies kann hier aber notgedrungen nur in Form eines groben und kurzen Überblicks und entsprechend kursorisch erfolgen.[22]

Leistung und Leistungsanforderungen im Studium

Wie in Abschnitt 2.3 bereits erwähnt wurde, sollten sich die die Teilnehmer/-innen in den Forumsdiskussionen über das Thema „Leistung und Erfolg" austauschen.[23] Um einen möglichst „lebenspraxisnahen" Einstieg in die Thematik zu ermöglichen, bezog sich der Erststimulus (erster Diskussionsanreiz) auf die Erfahrung mit dem Thema „Leistung" im Studium (alle Teilnehmer/-innen waren Studierende).

Aufgrund dieser Diskussionseröffnung ist es wenig überraschend, dass Themen wie die unterschiedlichen Leistungsanforderungen im Studium, der bestehende Leistungsdruck und Unterschiede zwischen den Studiengängen in den Forumsdiskussionen nicht nur zu deren Beginn zentral waren, sondern auch insgesamt breiten Raum einnehmen. Wenig überraschend ist sicher auch, dass als unangemessen empfundene Leistungsanforderungen und ein entsprechend hoher Leistungsdruck beklagt werden, der sowohl auf institutionelle (Prüfungsanforderungen) als auch „äußere" Faktoren (insb. die Arbeitsmarktkonkurrenz) zurückgeführt wird.

> „Ich persönlich empfinde jedoch oft sehr starken Leistungsdruck, was auch damit zusammenhängt, dass man doch immer im Hinterkopf hat, dass alles (wenn auch nicht in so einem großen Ausmaß) zählt." (R1/G9)[24]

> „Wegen der hohen Durchfallquote ist man unter Stress und Zeitdruck. Alles muss schnell sein und man weiß einfach nicht wie man damit umgehen soll." (R1/G10)

> „Exzessives Lernen und das streichen der meisten meiner Hobbys (UND EIN JOBWECHSEL) waren nötig um überhaupt so weit zu kommen und das kann nicht richtig sein" (R1/G6)

> „Leider verbinde ich Leistung automatisch mit Leistungsdruck und das ist in der Tat sehr negativ." (R1/G12)

---

22 Die hier berichteten Diskussionsergebnisse sind reine Zusammenfassungen und Kompilationen der Gesprächsinhalte, wie sie in den durchgeführten Forumsdiskussionen deutlich wurden. Da im Forschungsvorhaben keine inhaltliche Auswertung intendiert war, wurden aufwändigere, insbesondere rekonstruktive Analysen nur insoweit durchgeführt, wie dies zur Beurteilung der in den Kapiteln 3 bis 6 diskutierten Eigenschaften erforderlich war.

23 Für das erste experimentelle Design (leitfadenmoderierte Gruppen) wurden ein ausgearbeiteter Leitfaden und Kriterien für das Setzen von Stimuli entwickelt. Im Anhang (A.3) findet sich eine ausführliche Darstellung des verwendeten Leitfadens.

24 Alle Zitate aus den Forumsdiskussionen wurden (schrift-)sprachlich weitgehend unverändert aus dem verwendeten Webforumsformat übernommen. Für die Druckfassung wurden jedoch einige Merkmale angepasst (u. a. Zeilenlänge, Silbentrennung, Schriftart, Schriftgröße). Von der Präsentation multimodaler Beiträge wurde aus technischen Gründen abgesehen. Die Angaben nach den Zitaten beziehen sich auf die Experimentalrunde (R) bzw. auf die jeweilige Gruppe (G).

Da sich in den Diskussionsgruppen Teilnehmer/-innen unterschiedlicher Studiengänge wiederfanden, bestand zudem ein großer Bedarf nach Erfahrungsaustausch über studiengangsübliche Leistungsanforderungen und entsprechende Vergleiche. Dabei wurde schnell deutlich, dass bei der „Stressbelastung" deutliche Unterschiede zwischen den einzelnen Studiengängen bestehen. Während einige Teilnehmer/-innen (insb. des Studiengangs „Soziale Arbeit") nur wenig Leistungsdruck spüren, klagen andere umso deutlicher über hohe Belastungen und Anforderungen. Gleichzeitig wird der Leistungsdruck (anderer) auch immer wieder relativiert.

> „[…] ich finde wie viel Leistungsdruck man als Student/in hat, kommt darauf an, was man selbst von sich und seine eigene Leistung erwartet." (R1/G8)

> „Jedoch denke ich, dass sich unter den Studierenden allgemein eine Jammermentalität breit gemacht hat. Ganz gleich mit wem man über eine Veranstaltung oder die Uni allgemein spricht, alle stöhnen über ihr Pensum – egal ob berechtigterweise oder nicht." (R1/G4)

Trotz häufiger Klagen über als überzogen angesehene Anforderungen können einige Teilnehmer/-innen einem gewissen Leistungsdruck aber auch Positives abgewinnen, nämlich eine zusätzliche, „erzwungene" Motivation. Außerdem tauschen sie sich über unterschiedliche Strategien im Umgang mit Leistungsdruck aus.

> „Dementsprechend habe ich dort eben einen sehr hohen Leistungsdruck erlebt. Was aber ja nicht immer schlecht sein muss, denn ich kann beispielsweise meistens erst richtig arbeiten bzw. lernen, wenn ich unter Druck gerate." (R1/G8)

Als Wertbegriff oder Bezugsgröße wird Leistung „an sich" jedoch fast ausnahmslos durchaus positiv gesehen und die eigene Leistungsbereitschaft betont. Dabei werden vielfältige Gründe, die zu eigenen Leistungen motivieren, genannt, vor allem aber Formen sozialer Anerkennung sowie die persönliche Bildung oder Reifung.

Sozial definierte Anforderungen vs. subjektivierte Definitionen von Leistung

Vor allem moderativ dazu angeregt darüber zu reflektieren, was „Leistung" bedeuten könnte, spiegeln die Beiträge der Teilnehmer/-innen die auch in der Sozialtheorie verbreitete Unschärfe dieses Wertbegriffs. So wird Leistung als schwer definierbar und als veränderlich charakterisiert. Mit Auffassungen wie der, dass Leistung etwas mit persönlicher Anstrengung (Fleiß, Streben) zu tun habe und als Investition (vornehmlich in sich selbst) verstanden werden könne, die sich mit einer gewissen Wahrscheinlichkeit lohnen wird, bewegen sich die „Leistungsverständnisse" der Teilnehmer/-innen im Mainstream sozial üblicher Deutungsmuster. Gleiches gilt für die Vorstellung, dass „Leistung" sowohl für sich als auch für andere erbracht werden kann, dass diese bewertet wird (und „man" anhand dieser) und dass die mit Leistung verbundene soziale Anerkennung eine wichtige Triebfeder der eigenen Leistungsmotivation sein kann.

> „Leistung ist meiner Meinung nach etwas, wofür man selber etwas tun muss." (R1/G1)
>
> „In einer sehr wichtigen Prüfung habe ich ohne damit gerechnet zu haben eine perfekte Note bekommen. Ich war sehr stolz auf mich und habe viel Lob bekommen – ein tolles Gefühl und sehr aufbauend." (R1/G10)

Grundsätzlich sehen die Teilnehmer/-innen sich mit sozial und institutionell definierten „Leistungen" und Leistungserwartungen konfrontiert, die an den Einzelnen „von außen" herangetragen werden. Was für sie als Studierende als Leistung gilt, wird dabei vor allem durch die jeweiligen Prüfungsanforderungen definiert. Darüber hinaus erzählen viele Teilnehmer/-innen aber auch von anderen sozial definierten Leistungen, insbesondere aus dem beruflichen und familialen Kontext. Leistung besteht für die (studentischen) Teilnehmer/-innen entsprechend vornehmlich aus den institutionell gesetzten und ihnen „äußerlichen" Kriterien.

> „Für mich ist Leistung im Studium, dass zu tun was von einem erwartet wird." (R1/G1)
>
> „Leistung ist ganz einfach nur das, was man erbringen muss um z. B. eine Prüfung zu bestehen!" (R1/G8)

An dieser Art der Leistungsdefinition wird von fast allen Teilnehmer/-innen Kritik geübt, oft auch sehr deutliche. Hierbei lassen sich drei Ebenen unterscheiden: Nur selten und eher zögerlich oder indirekt wird die institutionelle Definition von Leistung grundsätzlich in Frage gestellt. Im Gegenteil: Daran, dass es institutionell definierte Kriterien der Leistungsbeurteilung geben sollte, wird kaum gezweifelt. Insofern gibt es auch keine Anzeichen für eine Ablehnung von Leistung als einem Kernprinzip des Studiums.

Noch am ehesten als eine grundsätzliche Kritik lässt sich die am „Messbarmachen" von Leistung verstehen. Hier wird ein Leistungsverständnis verteidigt, das Leistung als grundsätzlich nicht mess- und vergleichbar versteht (die daher nur „fallspezifisch" zu beurteilen sei). Eine Bewertung in Form von Noten und Abschlüssen scheint in dieser Sicht problematisch (ohne dass Alternativen benannt würden).

> „Ich finde, die sehr unterschiedlichen Leistungsanforderungen passen nicht zum Leistungsprinzip, da ja eben nicht die gleichen Anforderungen gestellt werden, sondern unterschiedliche. Diese sind aber nicht auf die individuellen Studenten bestimmt, sondern durch die unterschiedlichen Vorstellungen und Vorlieben der Dozenten und denen die Studienordnungen erstellen." (R1/G1)

Deutlich ist aber vor allem die Kritik an der konkreten Gestaltung der institutionalisierten Leistungsbewertung. Diese Kritik nimmt dabei unterschiedliche Formen an, von denen zwei jedoch besonders deutlich hervortreten: So kritisiert ein Teil der Teilnehmer/-innen eine unzureichende Umsetzung des Leistungsgedankens, wenn entweder Leistungen nicht honoriert werden, oder – wie es scheint weit häufiger – wenn gute Noten und bestandene Prüfungen offensichtlich auch ohne „wirkliche" Leistung erreichbar scheinen. Andere Teilnehmer/-innen der Forumsdiskussionen kritisieren dagegen die konkreten Leistungsanforderungen (Prüfungsformen, Menge der Prüfungen, „Wissensabfrage") und deren Auswirkungen auf das Lernverhalten der Studierenden.

> „Leistung wird im Studium hauptsächlich anhand von Klausuren gemessen, was meines erachtens nicht viel Sinn macht." (R1/G6)
>
> „Misst man nicht am Ende oft nur die Kapazität bzw. die Bereitschaft des Auswendiglernens?" (R1/G3)
>
> „Leistung empfinde ich als negativ, wenn mir Aufgaben auferzwungen werden, deren Sinn ich nicht verstehe." (R1/G9)
>
> „Da fragt man sich doch, was ist mit denen die nie da sind die schaffen ihr Studium trotzdem, was ist es dann eigentlich wert?" (R1/G3)

Diesem institutionellen wird daher von vielen Teilnehmer/-innen ein subjektiviertes Leistungsverständnis gegenübergestellt: Entscheidend sei für Leistung, was jede/r selbst für sich als Leistung definiere bzw. welche Anstrengungen zur Erreichung der individuellen, selbstdefinierten Ziele unternommen werden. Als solche gelten insbesondere Zufriedenheit, Selbstverwirklichung sowie das Sammeln von (Lebens-)Erfahrungen. Entsprechend wird von vielen Teilnehmer/-innen eine Diskrepanz, wenn nicht ein Spannungsverhältnis zwischen den eigenen („wahren") Leistungen und Zielen und den formalisierten, fremdbestimmten Leistungsanforderungen (insb. in Form von Prüfungsanforderungen) empfunden.

> „Für mich bedeutet Studieren eigentlich nicht nur Prüfungen zu bestehen, sondern ist vor allem ein Bildungs- und Entwicklungsprozess." (R1/G6)
>
> „Eigene Werte und Normen zu entwickeln und, was ich als äusserst wichtig empfinde, eigene Fehler zu machen und daran zu wachsen." (R1/G11)
>
> „Ich finde es eine echte Leistung, wenn Menschen ihren Weg gehen, auch wenn er vielleicht ungewöhnlich erscheinen mag." (R1/G7)
>
> „Es ist aus meiner Sicht nicht der richtige Ansatz, wie schon gesagt, durch Bulimie-Lernen schnell zum Abschluss zu kommen und dabei so gut wie nichts zu lernen." (R2/G5)

Bei der Beurteilung der Frage, was als Leistung wahrgenommen wird und was als ungerechtfertigte oder zumindest zu hinterfragende Leistungsanforderung zurückgewiesen wird, orientieren sich die Teilnehmer/-innen unserer Forumsdiskussionen naheliegender Weise in erster Linie an ihrem unmittelbaren Erfahrungsbereich, der durch die Anforderungen in ihren Studiengängen geprägt ist. Viele Teilnehmer/-innen haben aber auch bereits Berufserfahrungen oder antizipieren berufliche und professionelle Leistungserwartungen. Vor diesem Hintergrund relativieren sie meist die Kritik an universitären Leistungsmessungen oder interpretieren diese als eine Folge der allgemeinen, insbesondere durch berufliche Konkurrenz geprägten Leistungskultur (wenn nicht als Vorbereitung auf diese).

Bildungssystem und Arbeitswelt sind demnach die primären Sphären, die mit Leistungserwartungen und damit einhergehenden Problemen assoziiert werden. Andere Lebensbereiche werden demgegenüber als weniger „leistungsorientiert" wahrgenommen. Aber auch in privaten oder lebensweltlichen Kontexten sehen sich viele Teilnehmer/-innen durchaus mit Leistungserwartungen konfrontiert oder richten diese an andere Personen.

> „Auch als Kind schon bekommt man eine Belohnung für gute Noten – oder eben eine Bestrafung für eine schlechte Schulleistung." (R2/G5)

> „Mich beschäftigt schon seit längerer Zeit das Thema ‚Leistung in Familie'. Ersteinmal kann ich der Aussage, dass die Familie ein Bereich ist, in dem es nicht um Leistung geht, nicht zustimmen. Im Gegenteil: In meiner Familie habe ich teilweise sehr heftige Leistungserwartungen an mich erfahren." (R1/G2)

Als Orientierungswert wird „Leistung" in Bereichen wie (Herkunfts)Familie, Partnerschaft oder im Freundeskreis aber keineswegs immer kritisch gesehen, oft sogar explizit gefordert.

> „Ich bin auch der Meinung, dass ein Partnerschaft nur funktioniert, indem beide Teile etwas leisten." (R1/G1)

> „Ich persönlich wähle meinen Partner sozusagen nach Leistungskriterien aus: Mein Begleiter soll kognitiv in der Lage sein, mir in meinen Ausführungen zu folgen, soll in seinem Leben ein Ziel vor Augen haben (wissen, was er will)." (R1/G10)

> „Meinen Partner habe ich mir auch nach bestimmten Kriterien ausgesucht. Mir war wichtig, dass er studiert hat und strebsam ist, damit wir uns gemeinsam zu höheren Leistungen antreiben können, ganz im Sinne eines ‚Power Couple'. Da kommt es auch schon einmal vor, dass wir uns über einige Monate nicht sehen, weil einer von uns ein Praktikum im Ausland absolviert oder ein Auslandssemester. Wir stärken uns dabei gegenseitig den Rücken, da wir das gemeinsame Ziel einer erfolgreichen Karriere verfolgen. Das mag unromantisch klingen, allerdings auch rational. Für uns ist klar, dass wir (beide 26 Jahr alt) in den nächsten 10 Jahren keine Kinder bekommen wollen, um uns voll und ganz auf die Karriere fokussieren zu können." (R1/G8)

Erfolg und der Zusammenhang zwischen Leistung und Erfolg

Auch in Bezug auf Erfolg sind subjektivierte Auffassungen beobachtbar:

> „Egal wie lange es dauert, wie man diesen Weg geht etc. Ob man erfolgreich war oder nicht, bestimmt jedes Individuum immernoch für sich." (R1/G1)

Dabei überwiegen Vorstellungen, die zwar Erfolg an individuell definierten Zielen festmachen, deren Erreichung dann aber zumindest objektivierbar ist:

> „Ich denke auch, dass Erfolg mit der Erreichung der eigenen Ziele stark zusammen hängt." (R2/G7)

> „Erfolg ist Zufriedenheit mit dem was man ist und was man macht, sowie sich entwickeln zu können." (R2/G2)

Anders als bei Deutungsmustern von Leistung wird Erfolg jedoch stärker als „objektiv" im Sinne von „sozial definiert" verstanden. Erfolg könne man entsprechend am objektivierbaren Fortschritt – meist wird dies an Studien"erfolgen" verdeutlicht – ablesen. Dabei wird – wie schon bei „Leistung" – eine soziale Definition von Erfolg durchaus kritisch beurteilt.

> „Wie ich das in meinem vorherigen Post erwähnt habe, steht eben nicht mehr das Lernen selbst in Fokus, sondern nur das Produkt der Arbeit in Form der Note." (R1/G4)
>
> „Leider wird private Leistung, zB eine Mutter, die ihre Kinder versorgt, den Haushalt schmeißt und nebenbei arbeiten geht, oft nicht sehr geschätzt bzw. anerkannt." (R2/G3)

Mehr noch als Leistung wird Erfolg also als individuell, aber sozial definiert verstanden. Dabei wird nicht zwischen Erfolg als Wirkung (Erreichung einer Wirkung infolge von Inputs bzw. Leistungen) und Erfolg als Gratifikation (soziale Zurechnung und Belohnung einer Leistungswirkung) unterschieden.

Sozialer Erfolg ist oft eine Folge individueller Leistung. Oft genug sehen die Diskussionsteilnehmer/-innen aber andere Ursachen von Erfolg, insbesondere soziale Beziehungen und „Glück". Zumindest wird ein von Leistungen unabhängiger Erfolg beobachtet.

> „Klar gibt es Verkettungen von günstigen Zusammenhängen, die dann mehr oder weniger durch Glück oder Zufall zum Erfolg führen." (R1/G6)
>
> „Dass ein Zusammenhang zwischen Leistung und Erfolg liegt steht für mich außer Frage, dass aber trotz erbrachter Leistung ein Erfolg ausbleiben kann kommt auch vor. Wer hat denn nicht schon einmal gedacht man hätte in einer Klausur gut abgeschnitten, weil man gefühlt gut vorbereitet war und dann sieht's am Ende ganz anders aus. Dass man jedoch auch Glück haben kann und Erfolg hat ohne groß Leistung zu erbringen, passiert auch." (R1/G1)

Insgesamt dominiert die Vorstellung eines „nicht linearen Zusammenhangs" zwischen Leistung und Erfolg: Weder führen Leistungen immer zum erwünschten Erfolg, noch muss Erfolg auf (legitime) Leistungen zurückgehen. Trotz dieser relativen Skepsis hinsichtlich des Zusammenhangs von Leistung und Erfolg sind kaum Zweifel an der grundsätzlichen „Erfolgswirkung" von Leistungen – und insbesondere von Leistungen im Studium – erkennbar:

> „[…] die meisten die großen Erfolg hatten, haben viel mehr Leistung und Mühe gegeben als die anderen." (R2/G7)

Dabei ist das Verständnis „legitimer" individueller Leistungen durchaus breit und nicht auf „prüfungsrelevantes Wissen" begrenzt. Vor allem „Soft Skills", die für die meisten der teilnehmenden Studierenden überdies ein fester Bestandteil ihres Lehrplans sind, werden immer wieder als (auch) wichtige und Erfolg begründende Form von Leistung hervorgehoben. Kritisiert werden dagegen Schein- oder Selbstdarstellungserfolge, etwa „blumige" Berufsbezeichnungen, und eine vermeintlich wachsende Erfolgsfixierung in der Gesellschaft sowie eine dadurch bedingte Entkoppelung von Leistung und Erfolg.

> „Meines Erachtens, geht es in unserer Gesellschaft nicht mehr darum eine Leistung zu erbringen, sondern nur darum, ein Ergebnis zu erzielen und Erfolg zu haben." (R1/G3)

> „Oft hab ich das Gefühl je imposanter eine Berufsbezeichnung ist, desto mehr Wertschätzung bekommt man." (R1/G5)

Ähnlich schwer wie mit einer genauen Bestimmung von Leistungen tun sich die Teilnehmer/-innen mit Konzepten wie dem Leistungsprinzip und von Leistungsgerechtigkeit. Meist bleiben hier die Vorstellungen sehr diffus (das Leistungsprinzip wird oft eher unscharf mit Chancengerechtigkeit in Verbindung gebracht) oder negativ exemplifizierend (Beispiele für nicht Leistungsgerechtes). Aber auch hier stehen die Schwierigkeiten einer genauen Definition einer grundsätzlich positiven Haltung gegenüber dem Leistungsprinzip nicht im Wege. Kritik wird daher auch nicht am Leistungsprinzip selbst geübt, sondern, wie viele der bereits zitierten Äußerungen gezeigt haben, an dessen konkreter Umsetzung.

Zum Ende der Forumsdiskussionen wurden die Teilnehmer/-innen gezielt um eine Beurteilung der Leistungsgerechtigkeit der Diskussionsforen gebeten. Hintergrund hierfür war, dass alle angemeldeten Teilnehmer/-innen jeweils die gleiche Aufwandsentschädigung erhielten, unabhängig von ihrer Aktivität oder ob sie überhaupt Beiträge verfasst haben (diese Regelung war ihnen bereits zu Beginn bekannt). Hieran entzündeten sich oft kurze und kontroverse Diskussionen, die die sehr unterschiedlichen Vorstellungen von Leistungsgerechtigkeit der Teilnehmer/-innen deutlich machen.

> „Die gleiche Vergütung aller Teilnehmer/Teilnehmerinnen der Studie, unberücksichtigt der erbrachten Leistung (hier der geleisteten Beiträge), ist schwer als gerecht zu bezeichnen." (R1/G7)

> „Natürlich wäre es nur gerecht, Teilnehmer, die aktiver an der Diskussion teilgenommen haben, auch höher zu entschädigen. Ich muss selber gestehen, dass das hier erst mein zweiter Beitrag ist..Vielleicht hätte es mir einen Anreiz gegeben mich mehr zu beteiligen, wenn die Regeln für die Teilnahme und Entschädigung anders gewesen wären. Jedoch sehe ich da auch das Problem, einer objektiven Bewertung von „produktiven" Beiträgen. Wer entscheidet anhand welcher Kriterien, was produktiv ist? Es kann ja sein, dass ich guten Gewissens meine Meinung hier poste, jedoch anhand irgendwelcher Kriterien meine Beiträge als nicht produktiv angesehen werden und das wäre sicherlich auch nicht fair." (R1/G2)

Diese Desorientierung hinsichtlich dessen, was als legitime Leistung und als legitime Leistungsbewertung zu gelten hat, offenbart einen erheblichen normativen Agnostizismus der Diskussionsteilnehmer/-innen. Dieser kann allerdings durchaus als „repräsentativ" oder „typisch" für meritokratische Gesellschaften gelten, für die eine hohe Wertschätzung individueller Leistung bei gleichzeitiger Diffusität des Leitungsbegriffs nicht nur möglich ist, sondern geradezu existenziell zu sein scheint.

—

Teil II: **Methodologische Analyse der Forumsdiskussionen**

Im Folgenden soll die Qualität der in Forumsdiskussionen gewonnenen Daten bzw. die Qualität der (Forums-)Diskussionen untersucht werden. Mit „Qualität" zielen wir allerdings nicht (bzw. nicht nur) darauf, ob die Daten in Bezug auf bestimmte Forschungsinteressen „gut" sind. Gemeint sind hier in erster Linie spezifische Merkmale der Diskussionsverläufe und Eigenschaften der in den Forumsdiskussionen produzierten Texte, durch die sich in Forumsdiskussionen gewonnene Daten womöglich von solchen unterscheiden, die in Face-to-Face-Settings (oder mittels anderer Online-Medien) erzeugt wurden.

Kurz: Im Unterschied zu vielen Beiträgen aus der angewandten Forschung soll nicht gezeigt werden, dass Daten aus Forumsdiskussionen „gut" oder gar „besser" sind als vor allem solche, die mit Face-to-Face-Gruppendiskussionen gewonnen werden, und dass Forumsdiskussionen in der Forschung daher alternativ verwendet werden können. Dagegen soll möglichst „offen" und breit untersucht werden, welche Besonderheiten eine Datengewinnung mittels Forumsdiskussionen aufweist. Das unmittelbare forscherische Verwertungsinteresse ist demgegenüber nachgeordnet; dies auch deshalb, weil wir eine Legitimierung von Forumsdiskussionen und anderen Online-Methoden als Forschungsinstrumente der qualitativen Sozialforschung mittlerweile nicht mehr als notwendig erachten. Das generelle Potenzial von Forumsdiskussionen als Forschungsinstrumente haben wir bereits an anderer Stelle deutlich gemacht (Ullrich/Schiek 2014).

Die Untersuchung der so verstandenen Qualität von Forumsdiskussionen erfolgt anhand von vier thematischen Bereichen. Diese sind (1) die Selbstläufigkeit der Diskussionen, (2) die Spontanität (bzw. Reflektiertheit) der Diskussionsbeiträge, (3) die Interaktivität der Diskussionen und schließlich (4) die Textsorten und Textsortenzusammensetzung der Diskussionsbeiträge. Diese vier Untersuchungsbereiche beziehen sich auf jeweils spezifische Aspekte von Gruppen- bzw. Forumsdiskussionen, die sich oft wechselseitig bedingen (verstärken oder blockieren können), analytisch aber zu trennen sind.

Selbstläufigkeit ist ein Merkmal zur Beschreibung des gesamten Diskussionsverlaufs und daher ein kollektives, fast emergentes Merkmal, das nur bedingt auf das Diskussionsverhalten der Beteiligten zurückgeführt werden kann. Es wird im folgenden Kapitel ausführlicher untersucht. Spontanität und Reflektiertheit sind dagegen Eigenschaften der Beiträge bzw. ihrer Verfasser/-innen. Wie spontan bzw. reflektiert „Postings" in Forumsdiskussionen sind (und ob sich Spontanität und Reflektiertheit zwingend wechselseitig ausschließen), wird im vierten Kapitel untersucht. Der Grad der Interaktivität (oder Interaktionsdichte) ist wiederum ein Merkmal auf der Ebene des Diskussionsverlaufs, das sich aber unmittelbar aus dem Verhalten der einzelnen Teilnehmer/-innen ergibt. Hier wird zu zeigen sein, wie Interaktivität durch die spezifischen Bedingungen des Mediums (Webforum) geprägt wird und wie die Interaktivität von Forumsdiskussionen in Relation zu Face-to-Face-Gruppendiskussionen einzuschätzen ist (Kapitel 5). Die Analyse der in Forumsdiskussionen erzeugten Textsorten zielt schließlich auf die Ebene des Datenmaterials

(Kapitel 6). Dabei sollen in einer sehr allgemeinen Form grundlegende, d. h. von konkreten Fragestellungen und Forschungsinteressen unabhängige Eigenschaften von Datenmaterial, das mit Forumsdiskussionen gewonnen wird, verdeutlicht werden.

Diese vier Eigenschaften werden jeweils anhand mehrerer, unterschiedlicher Kriterien beurteilt. Ebenso werden Gründe für die Befunde diskutiert. Bei unserem Forschungsdesign „naheliegend" stehen dabei die verschiedenen Stellgrößen des Settings (Art der Moderation, Gruppengröße usw., vgl. Kapitel 2) im Vordergrund. Von zentraler Bedeutung ist daher der Vergleich der im Forschungsprojekt „Forumsdiskussionen im Internet als qualitatives Forschungsinstrument" unterschiedlich gestalteten Forumsdiskussionen.

Ergänzend und weil zur „methodologischen Einordnung" der empirischen Befunde unablässig, erfolgen jeweils Vergleiche mit den Erfahrungen und, sofern vorhanden, dem empirischen Wissensstand über Face-to-Face-Gruppendiskussionen. Solche Vergleiche sind allerdings mit mehreren Schwierigkeiten behaftet und können daher nur punktuell und „unter Vorbehalt" durchgeführt werden. Dies liegt vor allem daran, dass für Face-to-Face-Gruppendiskussionen aus dem Bereich der rekonstruktiven Sozialforschung kaum empirische Untersuchungen zu den genannten Untersuchungsmerkmalen vorliegen (die „große Ausnahme" ist hier die Untersuchung von Wolff und Puchta 2007).

In den einzelnen Abschnitten werden wir unsere Forschungsbefunde daher auch immer wieder mit den Ergebnissen experimentell-vergleichender Studien kontrastieren, die Unterschiede zwischen Online- und Face-to-Face-Gruppendiskussionen untersuchen (insb. Erdogan 2001; Graffigna/Bosio 2006; Schneider et al. 2002; Underhill/Olmsted 2003; vgl. a. Kapitel 1). Dies kann nur im Sinne eines vorläufigen, ersten Eindrucks geschehen, da die Vergleichbarkeit hier in mehrfacher Hinsicht problematisch und insofern nur begrenzt gegeben ist.[25]

Ergänzend werden wir daher unsere empirischen Befunde über die Forumsdiskussionen zumindest punktuell auch mit eigenem Material aus face to face durchge-

---

[25] So stammen alle uns bekannten experimentell-vergleichenden Studien aus stark anwendungsbezogenen Bereichen, verstehen sich ausnahmslos als „focus group research" (1) und stellen daher andere Ansprüche an Gruppendiskussionsverfahren (produzierte Textmenge, Informationsgehalt, konträre Positionierungen) als i.e.S. qualitative (rekonstruktive) Gruppendiskussionsverfahren. Die theoretischen Annahmen, vor allem aber deren Operationalisierungen sind in den entsprechenden Publikationen oft unklar oder werden nur unvollständig dokumentiert (2). Einschätzungen der Autor/-innen (u. a. zur Qualität der Beiträge oder zur Interaktivität der Diskussionen) können daher oft nicht nachvollzogen werden. Schließlich werden Face-to-Face-Gruppendiskussionen meist mit Chat-Diskussionen verglichen (3), nur in einem Fall (Graffigna/Bosio 2006) werden auch Forumsdiskussionen einbezogen. Die Ergebnisse der experimentell-vergleichenden Studien sind daher immer nur eingeschränkt auf Forumsdiskussionen übertragbar. (Zu den Unterschieden zwischen Chat(room)s und Webforen in Hinblick auf eine mögliche Nutzung für qualitative Gruppendiskussionen vgl. bereits Ullrich/Schiek 2014.)

führten Gruppendiskussionen vergleichen.[26] Dies kann kein methodisch-systematischer Vergleich sein und hat einen zufällig-sporadischen Charakter. Die Ergebnisse solcher Vergleiche können daher immer nur einen ersten Eindruck vermitteln und sind in ihrer Aussagekraft entsprechend zu relativieren.

---

[26] Hierbei handelt es sich um vier Gruppendiskussionen, die 2014 im Rahmen eines Lehrforschungsprojekts zum Umgang von Sozialarbeiter/-innen mit dem Thema Rechtsextremismus durchgeführt wurden.

3 Selbstläufigkeit

3.1 Selbstläufigkeit als Qualitätsmerkmal von Gruppendiskussionen

(1) Selbstläufigkeit als Ziel einer Gruppendiskussionsmoderation bzw. als Kriterium zur Beurteilung der Qualität von Gruppendiskussionen wird in erster Linie in der von R. Bohnsack begründeten Tradition hervorgehoben. In dieser ist die Herstellung von Selbstläufigkeit das „oberste Ziel der Durchführung einer Gruppendiskussion" (Loos/Schäffer 2001: 51), denn erst die „Selbstläufigkeit des Diskurses, wie sie durch die wechselseitige Steigerung der Redebeiträge vorangetrieben wird, führt dazu, dass hier ein kollektives Bedeutungsmuster sich herauskristallisiert, welches von den einzelnen Beteiligten so nicht intendiert war, sondern Produkt der wechselseitigen Steigerung ist. [...] Es ist also die wechselseitige Steigerung, eine dramaturgische Verdichtung des Diskurses, in der Kollektives zum Ausdruck kommt – und dies umso mehr, je mehr ein gemeinsamer Erlebnishintergrund gegeben ist" (Bohnsack 2014: 43).

Selbstläufigkeit ist in Gruppendiskussionen demnach also wichtig, um kollektive Orientierungen erfassen und rekonstruieren zu können, und besteht wesentlich in einer wechselseitigen Steigerung der Redebeiträge. Grundlegende Voraussetzung für die Rekonstruktion kollektiver Orientierungen ist, dass die Teilnehmer/-innen einer Gruppendiskussion einen gemeinsamen Erlebnis- bzw. Erfahrungshintergrund haben (vgl. a. Bohnsack 2014: 43 f.; Loos/Schäffer 2001: 52; Przyborski/Riegler 2010: 440; Przyborski/Wohlrab-Sahr 2014: 87).

Als „wechselseitige Steigerung" scheint Selbstläufigkeit dabei aber insgesamt nicht erschöpfend definiert. Dies machen bereits die von Bohnsack (2014: 225 ff.; vgl. a. Przyborski/Wohlrab-Sahr 2014: 96 ff.) formulierten „reflexiven Prinzipien" der Gesprächsführung zur Initiierung selbstläufiger Gruppendiskussionen deutlich, die alle auf eine sehr zurückhaltende (non-direktive) Moderation hinauslaufen (u. a. die Formulierung von Fragen nach einem Prinzip „demonstrativer Vagheit", Verzicht auf Eingriffe in die Verteilung der Redebeiträge, Vorrang immanenter vor exmanenten Nachfragen).

Es geht also um mehr als um eine „wechselseitige Steigerung der Redebeiträge", nämlich um die Initiierung und weitere Motivierung einer näherungsweise „natürlichen", sich eigendynamisch entfaltenden Diskussion, die so oder so ähnlich auch in Abwesenheit der Moderatoren in alltäglichen Kontexten stattfinden könnte. Pointierter formuliert geht es um die Simulation natürlicher Gesprächssituationen (Loos/ Schäffer 2001: 51), denn nur diese gelten als selbstläufig und daher als geeignet, kollektive Orientierungen offenzulegen.

Insgesamt scheint Selbstläufigkeit etwas vage definiert. Bohnsacks Ausführungen zur praktischen Umsetzung beschränken sich auf die Herstellung günstiger Bedin-

https://doi.org/10.1515/9783110665987-003

gungen (seitens der Moderation) für Selbstläufigkeit.[1] Demnach führt eine non-direktive Gesprächsführung zur Selbstläufigkeit der Diskussion, die dann an verdichteten Passagen mit wechselseitiger Steigerung zu erkennen ist. Dagegen fehlen eine klare Definition und Angaben darüber, wie die Selbstläufigkeit einer Gruppendiskussion festgestellt werden kann. Unklar ist auch der Stellenwert des geteilten Erfahrungshintergrundes. Dass ein solcher notwendig ist, scheint unbestritten; ob aber auch ein „konjunktiver Erfahrungsraum" oder gar Realgruppen notwendig (oder zumindest vorteilhaft) sind, wird nicht hinreichend expliziert.

(2) Um zu beurteilen, ob und wie selbstläufig Forumsdiskussionen sind (und dies womöglich im Vergleich zu Face-to-Face-Gruppendiskussionen), wichtiger noch aber für die Frage, ob Selbstläufigkeit als Kriterium (Qualitätsmerkmal) für Forumsdiskussionen – und vielleicht auch für Gruppendiskussionen insgesamt – sinnvoll oder relevant ist (bzw. wann und für welche Fragestellungen sie wichtig ist), ist zunächst genauer zu bestimmen, was im Folgenden als Selbstläufigkeit bezeichnet werden soll.

Wie bereits deutlich wurde, können hierbei zunächst zwei Ebenen unterschieden werden: Die der Gesprächsführung (sowie des weiteren situativen Kontextes) und die des eigentlichen Diskussionsverlaufs, also zum einen die methodischen Voraussetzungen und Rahmenbedingungen für Selbstläufigkeit und zum anderen die im Diskursverlauf identifizierbare Selbstläufigkeit selbst.[2] Anhand dieser beiden Kriterien kann auch für Forumsdiskussionen überlegt werden, in welchem Sinne sie als „selbstläufig" bezeichnet werden können. Hierfür sind Indikatoren zu bestimmen, anhand derer die Selbstläufigkeit von Forumsdiskussionen beurteilt werden kann.

(3) Eine Selbstläufigkeit förderliche, *non-direktive Moderation* bedeutet im Fall von Face-to-Face-Gruppendiskussionen, dass sich (a) die Moderation auf eine möglichst allgemeine und breite Initiierung der Diskussion beschränkt und dass (b) Inputs möglichst zurückhaltend erfolgen sollen und primär der Motivierung der Teilneh-

---

1 Nach Bohnsack ist eine Gruppendiskussion selbstläufig, wenn sie „unabhängig von den Interventionen der Forscherin" ist (Bohnsack et al. 2007: 288); entsprechend verwendet er synonym auch die Bezeichnung eigendynamisch (2007: 174 ff.). Im Prinzip wären dann alle non-direktiv durchgeführten Gruppendiskussionen per definitionem selbstläufig. Dennoch ist im Bereich der an der dokumentarischen Methode orientierten Gruppendiskussionsforschung die Vorstellung durchaus verbreitet, dass Selbstläufigkeit nicht einfach vorausgesetzt werden kann, sondern ggf. hergestellt werden muss (vgl. u. a. Kutscher 2010: 194; Przyborski 2004: 292 f.; Schäffer 2010: 291; Weller 2010: 111). Wie dies geschieht oder geschehen könnte, wird nicht weiter erläutert; eine Herstellung von Selbstläufigkeit ohne eigentlich unerwünschte „Interventionen der Forscherin" ist aber nur schwer vorstellbar.

2 Die Interaktionsdichte oder Interaktivität („wechselseitige Steigerung"), die als Indikator für Selbstläufigkeit gelten kann, wird hier dagegen als eigenständiges Merkmal behandelt (s. Kapitel 5): Hier würden sonst entweder Ursache und Folge vermengt oder zwei unterschiedliche Begriffe für das gleiche Merkmal verwendet. Beides ist u. E. nicht sinnvoll und es ist schlicht eine empirische Frage, wie Selbstläufigkeit und Interaktivität einander bedingen.

mer/-innen dienen, dabei aber möglichst nicht steuernd in die Diskussion eingreifen. Sofern inhaltliche Inputs gegeben werden, sollten diese (c) aus der Diskussion heraus entstehen, z. B. durch das Aufgreifen „untergegangener" Redebeiträge einzelner Teilnehmer/-innen (Vorrang immanenter vor exmanenten Fragen; vgl. Bohnsack 2014).

Ein in diesem Sinne zurückhaltender Moderationsstil ist auch in Forumsdiskussionen möglich, vielleicht sogar noch „unauffälliger" als in einer Face-to-Face-Situation, weil die Moderator/-innen für die Teilnehmer/-innen (körperlich) „unsichtbar" bleiben. Auch für Forumsdiskussionen bedeutet eine non-direktive Gesprächsführung also, dass die Gruppendiskussion mit einem Stimulus (Grundthema) eröffnet wird und sich die Moderation mit eigenen Beiträgen (Re-Stimuli, Nachfragen, zusätzliche Fragen) möglichst zurückhält bzw. sich auf gelegentliche immanente Nachfragen beschränkt. Forumsdiskussionen weisen gegenüber Face-to-Face-Gruppendiskussionen jedoch zwei Besonderheiten auf:

Die erste ergibt sich aus der Option des *Multi-Threading*. Hierdurch ist es der Moderation möglich, mehrfach (Eingangs-)Stimuli in neuen Threads zu setzen, ohne die bestehende Diskussion direkt zu beeinflussen, weil die laufende(n) Diskussion(en) in den schon bestehenden Threads ungehindert weitergeführt werden können. Ebenso können sich einzelne Teilnehmer/-innen in eigenen Threads „treffen", ohne den Gang der Hauptdiskussion zu stören (vgl. Schiek/Ullrich 2019). Es wäre jedoch naiv anzunehmen, dass im Multi-Threading-Verfahren parallel völlig unabhängige, d. h. sich wechselseitig nicht beeinflussende Diskussionen geführt werden könnten.[3]

Die zweite, für die Frage der Selbstläufigkeit wichtige Besonderheit von Forumsdiskussionen ergibt sich aus dem *Fehlen para- und nonverbaler Signale*. Denn auch face to face ist es keineswegs so, dass eine Moderation non-direktiv im Sinne einer völligen Zurückhaltung sein könnte. Vielmehr „steuern" die Moderator/-innen ihre Gruppendiskussion durch para- und nonverbale Signale oder das (verbale wie non-

---

[3] So können neu eröffnete Threads gleich aus mehreren Gründen laufende Diskussionen beeinflussen: Zunächst aufmerksamkeitsökonomisch und kapazitativ, denn die Bereitschaft (weniger die Fähigkeit), mehrere Diskussionsstränge „zu bedienen", muss selbst bei hoch motivierten Teilnehmer/-innen an Grenzen stoßen. Von neu eröffneten Threads kann auch eine Signalwirkung ausgehen und bereits die Eröffnung selbst kann als Aufforderung verstanden werden, sich mehr oder nur auf das neue Thema zu konzentrieren. Drittens kanalisiert die Eröffnung weiterer Threads die laufende Gruppendiskussion, auch wenn nur immanente Stimuli verwendet werden. Denn Themen, die von den Teilnehmer/-innen zu einem späteren Zeitpunkt womöglich noch selbst aufgebracht worden wären, werden beim Multi-Threading durch die Moderation evtl. „vor ihrer Zeit" in die Diskussion eingespeist. (Multi-Threading durch die Moderation ist immer auch eine Form einer Leitfadenverwendung, im ungünstigen Fall einer leitfadenbürokratischen.) Schließlich sind, ermöglicht durch die mediale Fixierung und Verdauerung der schriftlich-asynchron verfassten Beiträge, „intertextuelle" Wechselwirkungen zwischen Threads zu erwarten. Diese durchaus wünschenswerten Effekte können in expliziten Querverweisen (Zitationen von Beiträgen in anderen Threads) und in weniger sichtbaren impliziten Einflüssen bestehen.

verbale) Quittieren von Redebeiträgen immer (im Extremfall: unbewusst), auch wenn sie dies dezidiert nicht beabsichtigen und sich jedes direkten Eingriffes zu enthalten versuchen.[4]

Unter ganz anderen Vorzeichen stellt sich die Frage der Moderationssteuerung ohne direkte, themensetzende Eingriffe für Forumsdiskussionen: Denn zunächst scheinen alle genannten Faktoren zu entfallen, da die Moderation körperlich nicht anwesend ist und sogar alle Persönlichkeitsmerkmale zurückgehalten werden können.

Die Erfahrungen mit Gruppendiskussionen in Online-Foren zeigen aber bisher, dass es auch hier förderlich ist, wenn nicht notwendig, die Teilnehmer/-innen durch positives Feedback zu bestärken. Entsprechende Aktivitäten der Moderation können von einer „lobenden Erwähnung" im Forum über sog. „persönliche/private Nachrichten" (PN; eine Kontaktfunktion in Webforen, aber außerhalb des Diskussionsraums und daher für andere Teilnehmer/-innen nicht sichtbar) und E-Mails bis zu Realkontakten reichen. Daher stellt sich hier die Frage, wie non-direktiv eine Moderation ist oder sein kann (und wie selbstläufig eine Diskussion dann ist), die parallel zur eigentlichen Diskussion – in Anlehnung an Goffman (1977): im Back Channel – womöglich hoch aktiv Motivationsarbeit betreibt.[5] Auch hier besteht kein direkter Einfluss im Sinne einer Frage oder Erzählaufforderung, sehr wohl aber ein indirekter, wenn Teilnehmer/-innen z. B. für einzelne Beiträge oder ihre gesamte Aktivität gelobt oder „Schweiger" zu Aktivität aufgefordert werden.

Die Einschätzung solcher Back-Channel-Aktivitäten wird sicher auch davon abhängen, auf welche Teilnehmertypen oder „Interventionsanlässe" sie sich beziehen.

---

4 Selbst wenn eine Gesprächsführung versuchen sollte, auch auf derartige Kommunikationssignale zu verzichten, würde dies (die Verweigerung, solche Signale zu senden) dennoch Einfluss auf den Diskussionsverlauf nehmen. Wie schon Watzlawick konstatierte, kann man nicht Nichtkommunizieren (Watzlawick et al. 1969: 53), zumindest nicht bei räumlicher Kopräsenz. Ebenso beeinflussen bereits die Personen- und Körpermerkmale der Moderator/-innen die Diskussionsteilnehmer/-innen (und dies vermutlich selbst noch dann, wenn diese nicht sichtbar sind).

5 Es scheint klar, dass Back-Channel-Arbeit zumindest im Sinne Bohnsacks (s. o.) ein klarer Verstoß gegen die Selbstläufigkeit von Gruppendiskussionen wäre. Allerdings unterscheidet sich diese zwischen Face-to-Face- und Forumsdiskussionen natürlich deutlich und kann face to face nur während der laufenden Diskussion und entsprechend störend erfolgen. Dennoch kann kein Zweifel daran bestehen, dass Back-Channel-Aktivitäten der Moderation einen Einfluss auf die Diskussionen haben und daher in jeder Form Selbstläufigkeit konterkarieren. Diskutabel erscheint uns aber, wie problematisch ein solcher Einfluss insgesamt in Forumsdiskussionen ist und ob bzw. wann eine Back-Channel-Moderation auch dann methodisch legitim ist, wenn dadurch die Selbstläufigkeit von Diskussionen eingeschränkt wird. Insgesamt scheint die Back-Channel-Frage in der Gruppendiskussionsforschung auch weitgehend ausgeblendet zu werden. Denn entgegen dem Selbstverständnis und Common Sense vieler Gruppendiskussionsverfahren findet natürlich auch face to face Back-Channel-Kommunikation statt, wenn auch oft in para- und nonverbaler Form (z. B. durch Blickkontakt, Lächeln), aber nicht unbedingt ohne Einfluss auf den Diskussionsverlauf. Vgl. hierzu auch Wolff und Puchta (2007).

Für Forumsdiskussionen sind drei Hauptkategorien von Teilnehmertypen[6] zu unterscheiden: Die sog. Lurker („passive" Teilnehmer/-innen, die die Forumsdiskussionen nur beobachten), aktive Teilnehmer/-innen, die bereits einen oder mehrere Beiträge verfasst haben, sowie angemeldete Teilnehmer/-innen, die sich jedoch (noch) nicht eingeloggt haben (sog. „No-Shows") und daher die laufende Diskussion auch nicht beobachten[7].

(4) Auch günstige Voraussetzungen sind noch nicht hinreichend, um Selbstläufigkeit zu konstatieren; und ein einfacher Umkehrschluss – wenn stärker moderiert, dann nicht selbstläufig – greift zu kurz, insbesondere, wenn man die Wirkung unterschiedlicher Moderationsformen auf die Selbstläufigkeit von Diskussionen untersuchen möchte.[8] Daher sind unabhängige Kriterien für die Selbstläufigkeit eines Diskussionsverlaufs zu bestimmen.

Im Folgenden sprechen wir von einer selbstläufigen Gruppendiskussion, wenn diese von den Teilnehmer/-innen selbstbestimmt und selbstgesteuert wird. Mit Selbstbestimmtheit meinen wir dabei die thematisch-inhaltliche (Worüber wird gesprochen?), mit Selbststeuerung die formal-organisatorische Dimension (Wie wird darüber gesprochen?). In beiden Fällen handelt es sich um kontinuierliche Merkmale, denn im Unterschied zu natürlichen Gesprächen sind Gruppendiskussionen natürlich nie „rein" selbstläufig. Entsprechend können unterschiedliche Grade von Selbstbestimmtheit, Selbststeuerung und Selbstläufigkeit bestehen.

Als selbstläufig im Sinne von Selbstbestimmtheit und Teilnehmersteuerung kann eine Gruppendiskussion gelten, wenn der Diskussionsverlauf in allen Aspekten von den Teilnehmer/-innen bestimmt wird. Dies ist am besten daran abzulesen, wie sehr die Themen einer Gruppendiskussion sowie die Art und Weise, wie über diese Themen diskutiert wird (z. B. wie lange und wer sich beteiligt) auf die Initiative von Teilnehmer/-innen zurückgeht. Dabei ist es für die Feststellung einer Selbstläufigkeit unerheblich, ob diese Initiative relativ egalitär verteilt ist oder nur von einzelnen Teilnehmer/-innen ausgeht. Für Forumsdiskussionen lässt sich dies am deutlichsten an den

---

6 In ähnlicher Weise können auch für Face-to-Face-Gruppendiskussionen unterschiedliche Teilnehmertypen unterschieden werden. Zumindest sind im Bereich des „focus group research" Überlegungen üblich, wie mit unterschiedlichen Typen von Teilnehmer/-innen umzugehen ist (vgl. Kühn/Koschel 2011: 154 ff.). Selbstläufigkeit ist hier aber auch keine (explizite) Zielgröße.

7 Eine Ausnahme sind hier öffentliche Forumsdiskussionen, bei denen eine Beobachtung auch ohne Einloggen und selbst ohne Anmeldung möglich ist und daher nicht kontrolliert werden kann. Wie in Kapitel 2 erläutert, waren die von uns untersuchten Forumsdiskussionen jedoch alle nicht öffentlich.

8 So ist es zwar richtig, dass bei stärker moderierenden Eingriffen nicht von Selbstläufigkeit gesprochen werden kann (so etwa Schittenhelm 2010: 98 ff.). Unklar ist aber, ob es sich hierbei (nur) um notwendige Reaktionen auf eine sich nicht einstellende Selbstläufigkeit handelt oder ob eine (womöglich zu ungeduldige) Moderation durch zu starke und frühe Eingriffe eine selbstläufige Diskussion ungewollt unterbindet. Schließlich ist auch für „reaktive" Datenerhebungen nicht auszuschließen, dass weder stärker moderierend eingegriffen wurde, noch Selbstläufigkeit vorliegt.

Themeninitiierungen und Threaderöffnungen durch die Teilnehmer/-innen ermessen. Die denkbar selbstläufigste Forumsdiskussion wäre eine, die nach dem Eingangsstimulus nur von den Teilnehmer/-innen gestaltet wird, während sich die „Moderation" auf eine Beobachterrolle zurückzieht.

(5) Selbstläufigkeit ist also auch in Forumsdiskussionen grundsätzlich „beobachtbar". Ob es sich bei Selbstläufigkeit aber auch um ein für Forumsdiskussionen relevantes Merkmal handelt, ist damit noch nicht entschieden. Diese Frage hängt maßgeblich davon ab, für welche Forschungszwecke und Fragestellungen Forumsdiskussionen eingesetzt werden.

Nun ist der Einsatz von Forumsdiskussionen bei Realgruppen, die einen „konjunktiven Erfahrungsraum" teilen, eher unwahrscheinlich.[9] Ihre Stärken liegen eher darin, unbekannte und räumlich wie zeitlich entkoppelte Teilnehmer/-innen für Gruppendiskussionen zu gewinnen. Damit entfällt zumindest *ein* wichtiger Grund für Selbstläufigkeit, nämlich auf diesem Wege kollektive Orientierungsmuster zu erfassen.

Umgekehrt ist zumindest zu vermuten, dass Selbstläufigkeit in Realgruppen eher zu erreichen ist als in Forumsdiskussionen, in denen asynchron zwischen oft unbekannten und nicht sichtbaren Teilnehmer/-innen kommuniziert wird. Daher ist davon auszugehen, dass Forumsdiskussionen zumindest nicht im gleichen Maße „von allein" selbstläufig sind wie Face-to-Face-Gruppendiskussionen. Darüber hinaus kann angenommen werden, dass Selbstläufigkeit in Forumsdiskussionen nicht nur „negativ" gewährleistet werden kann (vor allem durch die Vermeidung eines „obstruktiven" Moderationsstils), sondern auch aktiv durch Maßnahmen zur Motivierung der Teilnahmebereitschaft abgesichert und gefördert werden kann (und vielleicht sogar muss).

3.2 Die Selbstläufigkeit der Forumsdiskussionen

(1) Die von uns durchgeführten Forumsdiskussionen unterschieden sich deutlich in der Strukturierung durch die Moderation. Insgesamt wurden drei Moderationsarten umgesetzt (vgl. Kapitel 2 und Anhang A.1):
- Verwendung eines strukturierenden *Leitfadens* (12 Gruppen): Bei vier Gruppen fanden die Diskussionen zeitlich-linear strukturiert in einem Thread statt. Die übrigen Gruppen wurden im Multi-Threading-Modus durchgeführt, d. h. Stimuli

---

9 Eine Face-to-Face-Gruppendiskussion wäre hier meist die naheliegende Option. Allerdings können besondere Konstellationen eine Online-Form begründen. So kann die Durchführung einer Face-to-Face-Gruppendiskussion an der Größe einer (natürlichen) Gruppe scheitern. Bei entsprechend größeren „konjunktiven Erfahrungsräumen" – hier kann man u. a. an die Mitarbeiter/-innen einer Firma oder die Mitglieder eines Vereins denken – bieten sich Forumsdiskussionen durchaus als Alternative an (vgl. z. B. Bergmann 2016 für eine qualitative Analyse unternehmensinterner Social Media).

(Themensetzungen der Moderation) wurden hauptsächlich in Form neu eröffneter Threads umgesetzt, um die Weiterführung der bereits laufenden Diskussion zum bisherigen Thema nicht zu behindern.

– Weitgehend *zurückhaltende (non-direktive)*, nur wenig auf den Diskussionsverlauf reagierende Moderation, die völlig auf exmanente und weitgehend auf immanente Fragen verzichtete, ebenso wie auf die Eröffnung eigener (Moderations-) Threads[10] (2 Gruppen).

– Non-direktive, aber *intensiv-(re)agierende* Moderation, ergänzt durch Back-Channel-Aktivitäten wie kollektive und persönliche Ansprachen außerhalb der Forumsdiskussion[11] (6 Gruppen). Diese Gruppen unterschieden sich zudem in der Form, in der sich die Teilnehmer/-innen wechselseitig vorgestellt haben (ohne Echtnamen): In je zwei Gruppen erfolgte ein Face-to-Face-„Kennenlerntreffen" vor Beginn der Forumsdiskussionen, eine Online-Vorstellung im Forum und gar keine wechselseitige Vorstellung.

Als wichtiges Indiz für die Selbstläufigkeit von Gruppendiskussionen kann der Grad gelten, in dem die Teilnehmer/-innen selbst darüber bestimmen, was in der Diskussion thematisiert wird. In Forumsdiskussionen kann dies in zwei unterschiedlichen Formen erfolgen: durch die Setzung eines neuen Themas in der bereits laufenden Diskussion und durch die Eröffnung eines neuen Threads (sofern die Möglichkeit der Threaderöffnung besteht).

(2) Für die *Themensetzungen* durch die Teilnehmer/-innen ist zunächst festzustellen, dass in allen zwanzig Diskussionsgruppen Themen durch Teilnehmer/-innen gesetzt wurden. In den leitfadenmoderierten Forumsdiskussionen waren dies fast 6 pro Gruppendiskussion, in denen mit non-direktiver Moderation durchschnittlich 7,5. Die Unterschiede zwischen den beiden Moderationsarten sind dabei größer, als es diese Zahlen erkennen lassen.[12] Da die leitfadenmoderierten Forumsdiskussionen meist in deutlich größeren Gruppen stattfanden, ist der Anteil von Themensetzungen durch aktive Teilnehmer/-innen in diesen Gruppen nicht einmal halb so groß wie der in den zurückhaltend moderierten Gruppen (s. Tabelle 3.1). Der Anteil themensetzender an allen Beiträgen ist jedoch in etwa gleich: unabhängig von der Moderationsform hat etwas mehr als jeder zehnte Beitrag einen themensetzenden Charakter.

---

10 Ausnahmen sind hierbei der notwendige Anfangs- oder Erstthread (Eingangsstimulus) und eine am Ende der Forumsdiskussionen immer gestellte Abschlussfrage.

11 Diese erfolgten immer „online", vorzugsweise in Form von E-Mails oder als PN.

12 Dagegen zeigte der Vergleich der zwölf leitfadengestützten Gruppendiskussionen hier wie auch hinsichtlich der anderen Indikatoren von Selbstläufigkeit kaum auffällige Unterschiede. Weder das Multi-Threading noch die Gruppengröße und die Diskussionsdauer haben also einen stärkeren Einfluss auf die Selbstläufigkeit der Diskussionen, sofern diese stärker an einem Leitfaden orientiert waren.

Tab. 3.1: Themensetzungen durch Teilnehmer/-innen – Vergleich leitfaden- und non-direktiv moderierter Forumsdiskussionen[a] (Quelle: eigene Darstellung)

	TN-Themen-setzungen	TN-Themen pro Gruppe	TN-Themen pro akt. TN	TN-Themen pro Beitrag	Beiträge	Beiträge pro Gruppe	aktive TN
Leitfadenmoderierte Gruppen (12)	**71**	**5,92**	**0,40**	**0,13**	566	47,17	177
Leitfadenmoderiert: kleine Gruppen (6)	*38*	*6,33*	*0,60*	*0,16*	*237*	*39,50*	*63*
Non-direktiv moderierte Gruppen (8)	**60**	**7,50**	**0,83**	**0,14**	422	52,75	71
Non-direktiv-zurückhaltend (2)	*10*	*5,00*	*0,63*	*0,19*	*54*	*27,00*	*16*
Non-direktiv-intensiv: alle (6)	*50*	*8,33*	*0,91*	*0,14*	*368*	*61,33*	*55*
Non-direktiv-intensiv mit Ftf-Vorstellung (2)	*18*	*9,00*	*0,95*	*0,11*	*165*	*82,50*	*19*
Non-direktiv-intensiv ohne Ftf-Vorstellung (4)	*32*	*8,00*	*0,89*	*0,16*	*203*	*49,75*	*36*

[a] Die meisten Tabellen mit „zählbaren" Ergebnissen der experimentellen Untersuchungen folgen einer einheitlichen Darstellungsweise: Als Hauptkategorien werden zunächst leitfadenmoderierte und non-direktiv moderierte Forumsdiskussionsgruppen unterschieden. Bei den leitfadenmoderierten Gruppen werden zudem die kleineren Gruppen mit 15 Teilnehmer/-innen (TN) extra ausgewiesen, weil sie den „fairsten" Vergleich mit den non-direktiv moderierten Gruppen ermöglichen. Bei den non-direktiv moderierten Gruppen werden wiederum zunächst die „zurückhaltend" (2) und „intensiv" moderierten Gruppen (6) ausgewiesen. Bei den intensiv moderierten Gruppen wird dann noch einmal zwischen Gruppen mit (2) und ohne (4) Face-to-Face-Vorstellung (Ftf) unterschieden (zu den Gruppenkonstellationen vgl. Abschnitt 2.2 und Anhang A.1).

Zwischen den einzelnen Gruppen sind die Unterschiede bei den Themensetzungen durch die Teilnehmer/-innen insgesamt, aber auch quer zu den Gruppentypen recht groß (zwischen zwei und 14 Themensetzungen). Auch bei Gewichtung mit der Anzahl der aktiven Teilnehmer/-innen zeigen sich deutliche Unterschiede: Bei den leitfadenmoderierten Gruppen schwankt die Zahl der Themensetzungen pro aktivem/-r Teilnehmer/-in zwischen 0,2 und 1,0 bei einem mittleren Wert von 0,4 (0,6 bei den kleinen Gruppen). Bei den non-direktiv moderierten Gruppen ist die Menge der Themensetzungen pro aktivem/-r Teilnehmer/-in in etwa doppelt so groß (s. Tabelle 3.1, Spalte 4).

Besonders häufig sind Themensetzungen durch Teilnehmer/-innen in den non-direktiv-intensiven Gruppen mit Back-Channel-Aktivitäten (Zeilen 6–8 in Tabelle 3.1) und hier wiederum besonders bei den beiden Gruppen, bei denen sich die Teilnehmer/-innen face to face kennengelernt hatten. Dies kann als Hinweis darauf verstanden werden, dass die auf die Erhöhung des Gruppencommitment zielenden Moderationsaktivitäten sich verstärkend auf die Bereitschaft der Teilnehmer/-innen, selbst Themen einzubringen, ausgewirkt haben.[13]

Sofern man Themensetzungen durch Teilnehmer/-innen als ein Zeichen von *Selbstläufigkeit* auffasst, zeigt sich hier also, dass diese *weniger durch eine zurückhaltende* (weil sich von selbst einstellend) als *durch eine aktive Moderation* erreicht wird, wobei diese Aktivität der Moderation allerdings nicht in einer Leitfadenstrukturierung besteht, sondern in einer auf die Erhöhung des Commitments zielenden Back-Channel-Kommunikation.

Zur Einordnung dieser Befunde wäre ein Vergleich mit Face-to-Face-Gruppendiskussionen aufschlussreich. Leider sind aber keine Untersuchungen zur Häufigkeit und Verteilung oder gar den Ursachen von Themensetzungen bekannt.[14] Gleiches gilt auch für die wenigen experimentellen Studien, die Face-to-Face-Gruppendiskussionen mit Online-Diskussionen vergleichen. Diese sind – nicht zuletzt, weil sie stark in der Focus-Group-Research-Tradition verankert sind – kaum an Selbstläufigkeit oder den einzelnen hier zur Einschätzung der Selbstläufigkeit verwendeten Indikatoren (mit Ausnahme der Beitragslänge) interessiert und lassen daher keine entsprechenden Rückschlüsse und Vergleiche zu.

---

13 Effekte einzelner Elemente einer „intensiv-reagierenden" Moderation konnten nicht isoliert untersucht werden. Es war daher nicht festzustellen, ob z. B. direkte Ansprachen von Teilnehmer/-innen, ein „intimer" Sprachstil oder das Einbringen persönlicher Informationen für die Selbstläufigkeit von Forumsdiskussionen wichtiger sind. Viel spricht u. E. aber dafür, dass es nicht einzelne dieser Merkmale, sondern gerade deren Kombination ist, die die Selbstläufigkeit der Diskussionen erhöht hat.

14 Dies ist so, obwohl Gruppendiskussionsverfahren, die sich an der Dokumentarischen Methode orientieren, üblicherweise bei der Rekonstruktion der Diskursverläufe auch die Initiierung neuer Themen – hier als Propositionen bezeichnet – registrieren (vgl. u. a. Przyborski 2004: 62 ff.). Nur werden aus dieser Richtung keine Maßstäbe oder Erfahrungswerte benannt, was für eine selbstläufige Gruppendiskussion hinsichtlich der Themensetzungen durch Teilnehmer/-innen zu erwarten wäre.

Wir können hier daher nur auf eigenes Datenmaterial zurückgreifen und damit auf einen eher willkürlichen und aufgrund des geringen Umfangs des Materials dünnen Vergleich. Doch selbst bei einem solch angreifbaren Vergleich wird überdeutlich, dass der Anteil an Themensetzungen durch die Teilnehmer/-innen in Face-to-Face-Gruppendiskussionen vermutlich erheblich höher ist.[15]

Ob dies Ausdruck einer größeren Selbstläufigkeit von Face-to-Face-Gruppendiskussionen ist, muss allerdings bezweifelt werden. Nahliegender scheint eine andere Erklärungsmöglichkeit, nämlich dass die häufigen Themensetzungen durch Teilnehmer/-innen die Folge einer geringeren „Haltbarkeit" oder „Kontinuität" von Face-to-Face-Kommunikation sind. Demnach würden neue Themen eher „aus der Not geboren" werden, weil sich Themen mündlich (unfixiert) schneller und womöglich „halbgar" verflüchtigen. Dennoch: Bei einer restriktiven Leitfadenmoderation wäre der Spielraum für Themeninitiierungen durch Diskutanten viel enger. Insofern ist eine häufige Teilnehmerthemensetzung immer *auch* als Zeichen von Selbstläufigkeit anzusehen.

Umgekehrt wäre es vorschnell, eine vergleichsweise geringe Anzahl von Themensetzungen durch Teilnehmer/-innen in Forumsdiskussionen umstandslos als geringere Selbstläufigkeit zu interpretieren. Denn in schriftlich-asynchroner Kommunikation ist es wesentlich leichter, sich über ein einzelnes Thema auch über einen längeren Zeitraum und mit mehr Beteiligten und Beiträgen auszutauschen. Die Notwendigkeit, relativ schnell neue Themen einzubringen, wenn der (eindimensionale) Diskussionsstrang nicht abreißen soll, besteht hier nicht. Darin, dass dennoch durchaus viele Teilnehmer/-innen Themen setzen (und zum Teil auch in neuen Threads), sollte daher eher ein Zeichen von „Selbstbestimmtheit" gesehen werden.

(3) Neben der Themensetzung kann vor allem die *Threaderöffnung durch Teilnehmer/-innen* als wichtiger Indikator für die Selbstläufigkeit der Diskussion angesehen werden. Die – nicht in allen Diskussionsgruppen mögliche (vgl. Kapitel 2, Tab. 2.2) – Eröffnung eines neuen Threads kann sogar als stärkerer Hinweis auf eine hohe Selbstläufigkeit angesehen werden, weil die Teilnehmer/-innen „ihre" Themenvorstellungen durch eine Threaderöffnung deutlich sichtbarer, geplanter und wohl auch mit größeren Erfolgsaussichten in die laufende Diskussion einspeisen. Sowohl potenziell als auch in der Intention üben sie einen stärkeren Einfluss auf die Diskussion aus als einfache Themeninitiativen innerhalb von Threads. Denn im Erfolgsfall können Threaderöffnungen einen größeren Teil der Forumsdiskussion „rahmen" und im Unterschied zu einfachen Themensetzungen können sie schlechter übergangen oder bereits im Anschlussbeitrag wieder „umgeleitet" werden.

---

[15] In einer Face-to-Face-Gruppendiskussion konnten z. B. bei 513 Beiträgen 35 Themensetzungen durch Teilnehmer/-innen (6,8 % aller Beiträge) festgestellt werden, was die Werte für alle Forumsdiskussionen (s. Tabelle 3.1) deutlich übersteigt.

In den non-direktiven Diskussionsgruppen[16], bei denen die Moderation auch auf die Eröffnung paralleler Diskussionsstränge via Threads verzichtete, wurden durch die Teilnehmer/-innen in sehr unterschiedlichem Maße Threads eröffnet. Insgesamt wurden 15 Threads durch Teilnehmer/-innen begonnen (also ungefähr 1,5 pro Gruppe). Dabei war die Schwankungsbreite allerdings sehr groß und in der Hälfte dieser Diskussionsgruppen wurde kein Thread durch die Teilnehmer/-innen eröffnet (s. Tabelle 3.2).

Kein nachweisbarer Zusammenhang besteht schließlich zwischen Teilnehmerthreads und Themensetzungen durch Teilnehmer/-innen: Sowohl Gruppen mit als auch solche ohne Teilnehmerthreads gehören zu denen, in denen viele Themen durch die Teilnehmer/-innen gesetzt wurden. Weder behindern noch stimulieren Teilnehmerthreads also Themensetzungen durch die Teilnehmer/-innen.

Auf der Ebene der Beitragsaktivität ist das Ergebnis uneindeutig: Es besteht offenbar *kein Zusammenhang zwischen der Anzahl der verfassten Beiträge und der Threaderöffnung durch Teilnehmer/-innen.* Es gibt also bei den Gruppen mit Teilnehmerthreads sowohl welche mit vielen als auch mit wenigen Beiträgen. Gleiches gilt auch für Gruppen, in denen die Teilnehmer/-innen keine Threads eröffneten.

Dieses Ergebnis könnte darauf zurückzuführen sein, dass Teilnehmerthreads zwar immer aktive Versuche einer thematischen Steuerung durch Teilnehmer/-innen sind, dass diese Versuche aber unterschiedlich motiviert sein können. Sie können Ausdruck „überschäumender" Diskussions- und Mitteilungsfreude sein; gleichermaßen können sie aber auch die Folge von Unzufriedenheit mit dem Diskussionsverlauf sein. In diesem Fall würden neue Threads durch Teilnehmer/-innen eröffnet, weil ihre thematischen Bedürfnisse im bestehenden Diskussionsthread nicht ausreichend erfüllt werden.[17] Im Extremfall wären sie die einzige Form von Themensetzungen durch Teilnehmer/-innen. Diese Unzufriedenheitsvermutung wird dadurch gestützt, dass im Hauptthread immer nur relativ wenige Beiträge gepostet wurden, nachdem von den Teilnehmer/-innen neue Threads eröffnet worden waren.[18]

---

16 Die nachstehende Analyse bezieht sich ausschließlich auf die non-direktiv moderierten Gruppen. Zwar war es den Teilnehmer/-innen auch in vier leitfadenmoderierten Gruppen möglich, Threads zu eröffnen. Diese Möglichkeit wurde aber fast nie genutzt. Als Hauptgrund dafür wurde in einer Nachbefragung vor allem die Unkenntnis dieser Option genannt. Ein weiterer Grund mag die bereits intensive Threaderöffnung durch die Moderation gewesen sein. Davon unbenommen wurde das Multi-Threading durch die Moderation in der Nachbefragung meist positiv bewertet, vor allem weil es die Diskussion übersichtlicher gemacht habe.

17 Umgekehrt kann dagegen nicht vom Fehlen von Teilnehmerthreads auf eine geringe Selbstläufigkeit geschlossen werden, da nicht auszuschließen ist, dass Teilnehmer/-innen auf Threaderöffnungen verzichten, weil die Diskussion auch bereits ohne diese als hinreichend selbstläufig empfunden wird.

18 Um diese „Unzufriedenheitsvermutung" genauer zu prüfen, müsste man wissen, ob sich nach der Eröffnung neuer Threads durch Teilnehmer/-innen die Diskussion in diese verlagert hat. Ein solches „Abwandern" lässt sich in unserem Material nur für eine (von vier) Gruppe belegen.

Tab. 3.2: Von Teilnehmer/-innen eröffnete Threads und Beiträge pro Diskussionsgruppe – Non-direktiv moderierte Forumsdiskussionen (Quelle: eigene Darstellung)

Gruppe	Moderation	TN-Vorstellung	TN-Threads	Beiträge in TN-Threads	Beiträge pro Thread	Anteil Beiträge in TN-Threads	Beiträge in Threads der Moderation	Beiträge insg.
1	intensiv	face to face	2	59	29,5	49,6 %	60	119
2	,,	face to face	0	–	–	–	46	46
3	,,	online	7	48	6,9	76,2 %	15	63
4	,,	online	0	–	–	–	63	63
5	,,	keine	0	–	–	–	50	50
6	,,	keine	0	–	–	–	27	27
7	zurückh.	online	2	15	7,5	46,9 %	17	32
8	,,	keine	4	16	4	72,7 %	6	22
Insg.			15	138			284	422

Anmerkung: Teilnehmerthreads kommen in den einzelnen Gruppen nicht nur unterschiedlich oft vor, sondern unterscheiden sich auch thematisch.

(4) Keine eindeutigen, aber mögliche Indikatoren einer Selbstläufigkeit von Gruppendiskussionen sind die *Beitragsmenge* und die *Länge der einzelnen Beiträge*. Die Zahl der Beiträge und die Beitragslänge können als eher allgemeine und für sich wenig gehaltvolle Gütekriterien von Gruppendiskussionen gelten (in der anwendungsbezogenen Literatur sind sie dagegen der Bewertungsmaßstab für Gruppendiskussionen schlechthin). Dennoch erlauben beide zumindest in eine Richtung Rückschlüsse auf die Selbstläufigkeit: Ist die Zahl der Beiträge gering und sind diese kurz, ist die Gruppendiskussion – ceteris paribus – sicher nicht „selbstläufig" (sondern „läuft" einfach gar nicht, weder selbst- noch sonstwie-läufig).

Umgekehrt kann von einer hohen Zahl von Beiträgen und einer größeren Beitragslänge nicht auf eine Selbstläufigkeit geschlossen werden. So kann eine hohe Beitragszahl auch durch Interventionen der Moderation bedingt sein (z. B. bei Verwendung eines umfassenden Leitfadens). Lange Beiträge können demgegenüber in Forumsdiskussionen (auch) als Ausdruck einer hohen „Selbstbezogenheit" der Teilnehmer/-innen verstanden werden, die primär über sich und ohne auf andere Teilnehmer/-innen einzugehen Beiträge verfassen.[19] Da, im Unterschied zu Face-to-Face-Gruppendiskussionen, ausführliche Beiträge in Forumsdiskussionen nicht die Beiträge anderer Teilnehmer/-innen „behindern", entfällt hier zumindest der zeit- bzw. kommunikationsökonomische Faktor: Anders als in mündlicher Kommunikation „stören" längere Beiträge nicht den Diskussionsfluss. Ausführlichkeit (Reflektiertheit) und Selbstläufigkeit schließen sich also zumindest nicht aus. Trotz notwendiger Relativierungen können die Beitragszahl und die Beitragslänge daher hier als, wenn auch „unscharfe" Indikatoren für die „Dichte" und „Flüssigkeit" von Forumsdiskussionen behandelt werden.

Recht eindeutig scheint, dass alle Diskussionsgruppen gegenüber Face-to-Face-Diskussionen deutlich größere Beitragslängen aufweisen, zugleich aber weniger Beiträge generieren.[20] Leider liegen uns auch keine Untersuchungen zur Häufigkeit und Länge von Beiträgen in Face-to-Face-Gruppendiskussionen vor. Der eher „sporadische" Vergleich mit von uns durchgeführten Face-to-Face-Gruppendiskussionen unterstützt aber die sich aus den Unterschieden zwischen Mündlichkeit und Schriftlichkeit herleitende Erwartung, dass Beiträge in Forumsdiskussionen deutlich länger sind und in einer deutlich geringeren Anzahl erfolgen.[21]

---

19 Die Beitragslänge wird daher auch primär als Indikator von Reflektiertheit (s. Kapitel 4) behandelt.
20 In diese Richtung weisen auch die wenigen Untersuchungen, die Online- mit Face-to-Face-Gruppendiskussionen vergleichen. Sie kommen übereinstimmend zu dem Ergebnis, dass Online-Beiträge länger sind, die Gesamtzahl der Beiträge aber geringer ist als bei Face-to-Face-Diskussionen (Erdogan 2001; Schneider et al. 2002; Underhill/Olmsted 2003).
21 In unserer „Stichprobe" enthielten die Face-to-Face-Gruppendiskussionen ungefähr das 10-Fache an Beiträgen im Vergleich zu den Forumsdiskussionen, während die Beiträge in den Forumsdiskussionen in Durchschnitt ungefähr 5-mal so lang waren wie die in den Face-to-Face-Gruppendiskussionen.

Tab. 3.3: Beiträge und Beitragslänge – Vergleich leitfaden- und non-direktiv moderierter Forumsdiskussionen (Quelle: eigene Darstellung)

	Beiträge	Beiträge pro Gruppe	aktive TN	Beiträge pro akt. TN	durchschnittl. Beitragslänge
Leitfadenmoderierte Gruppen (12)	566	47,17	177	3,20	1.292
Leitfadenmoderiert: kleine Gruppen (6)	*237*	*39,50*	*63*	*3,67*	*1.423*
Non-direktiv moderierte Gruppen (8)	422	52,75	71	5,86	1.105
Non-direktiv-zurückhaltend (2)	*54*	*27,00*	*16*	*3,37*	*1.558*
Non-direktiv-intensiv: alle (6)	*368*	*61,33*	*55*	*6,69*	*1.102*
Non-direktiv-intensiv mit Ftf-Vorstellung (2)	*165*	*82,50*	*19*	*8,68*	*1.081*
Non-direktiv-intensiv ohne Ftf-Vorstellung (4)	*203*	*49,75*	*36*	*5,38*	*1.113*

Die unterschiedlich gestalteten Diskussionsgruppen unterscheiden sich aber auch untereinander zum Teil noch deutlich sowohl hinsichtlich der Anzahl der Beiträge als auch in der durchschnittlichen Beitragslänge. Die Anzahl der Beiträge wird offensichtlich durch die Art der Moderation und die Settings der Forumsdiskussionen beeinflusst. Dies gilt insbesondere für die Zahl der Beiträge pro Teilnehmer/-in und pro aktivem/-r Teilnehmer/-in (Tabelle 3.3). So erzeugen die non-direktiv moderierten Gruppen deutlich mehr Beiträge pro (aktivem/-r) Teilnehmer/-in als leitfadenmoderierte. Besonders viele Beiträge pro Teilnehmer/-in sind bei non-direktiv, aber intensiv moderierten Gruppen zu verzeichnen und vor allem bei den Gruppen, in denen sich die Teilnehmer/-innen zuvor „face to face" kennengelernt hatten. Non-direktiv und zugleich zurückhaltend moderierte Gruppen unterscheiden sich dagegen bei der Beitragszahl kaum von den leitfadenmoderierten Gruppen.

Hier bestätigen sich somit unsere eher allgemeinen Annahmen über die Vor- und Nachteile unterschiedlicher Formen der Forumsdiskussionsmoderation, nämlich vor allem, dass eine zwar in diesem Sinne non-direktive, aber „Beziehungsarbeit" leistende Moderation und ein das „Gruppencommitment" steigerndes wechselseitiges „Bekanntsein" der Teilnehmer/-innen sich positiv auf die Diskussionsverläufe auswirken (vgl. Kapitel 2). Aber auch zwischen den leitfadenmoderierten Gruppen bestehen Unterschiede, und zwar vor allem zwischen größeren und kleineren Gruppen, die sowohl bezogen auf alle Teilnehmer/-innen als auch nur auf die aktiven Teilnehmer/-innen mehr Beiträge pro Teilnehmer/-in aufweisen.

Die Unterschiede bei der Beitragslänge lassen sich dagegen nicht auf die Gestaltung der Moderation zurückführen; es besteht also *kein Zusammenhang zwischen der Moderationsform und den Beitragslängen*. Wenn überhaupt, sind die Beiträge in den insgesamt weniger „aktiven" leitfadenmoderierten Gruppen geringfügig länger als in den non-direktiv moderierten Gruppen. Dies ist aber primär auf die deutlich geringere Zahl von Beiträgen und aktiven Teilnehmer/-innen zurückzuführen: In diesen Gruppen sind kurze (spontane), auf Beiträge anderer Teilnehmer/-innen reagierende Beiträge relativ selten. Sie haben also nicht weniger lange, sondern relativ wenig kurze Beiträge und deshalb eine größere durchschnittliche Beitragslänge.

Gleiches ist auch für die Face-to-Face-Vorstellung der Teilnehmer/-innen und das Teilnehmerthreading festzustellen: Beides hat keinen nachweisbaren Einfluss auf die Länge der Beiträge. Vor allem vom Eröffnen von Threads durch Teilnehmer/-innen hätte man eine erhöhte Bereitschaft zum Verfassen längerer Beiträge erwarten können, da die Threaderöffnung bereits selbst Ausdruck einer höheren Selbststeuerung(-sneigung) ist. Entsprechende Effekte sind aber nicht zu erkennen.

(5) Zumindest sofern vor allem viele Beiträge ein Zeichen von Selbstläufigkeit sind, legen diese Befunde den Schluss nah, dass eine non-direktive Moderation von eher kleinen Gruppen gepaart mit einer intensiveren „Betreuung" der Teilnehmer/-innen (vorzugsweise im Back Channel) die Selbstläufigkeit von Forumsdiskussionen zumindest deutlich erhöhen kann. Auch die eher als häufig zu bewertenden Themensetzungen und Threaderöffnungen durch Teilnehmer/-innen lassen auf eine insgesamt hohe Selbstläufigkeit der von uns durchgeführten Forumsdiskussionen schließen, und zwar sowohl im Sinne thematischer Selbstbestimmtheit als auch organisatorischer Selbststeuerung.

Die wichtigsten Unterschiede zwischen unterschiedlich gestalteten Forumsdiskussionen können dabei auf den Moderationsstil zurückgeführt werden. Dies führt zu dem – im ersten Moment vielleicht kontraintuitiv erscheinenden – Schluss, dass sich Selbstläufigkeit in Forumsdiskussionen nicht „von selbst" einstellt (bei zurückhaltender Moderation), sondern durch Moderationsaktivitäten, die das Commitment der Teilnehmer/-innen vergrößern (hier also vor allem Back-Channel-Arbeit und eine durch eine Face-to-Face-Vorstellung erzeugte Vertrautheit der Teilnehmer/-innen), erhöht werden kann, vielleicht sogar erst durch sie sichergestellt wird. Statt für ein „negatives" Verständnis von Selbstläufigkeit (= keine Interventionen durch Moderation), sprechen unsere Ergebnisse eher für ein „positives" (Selbstläufigkeit infolge einer dazu motivierenden Moderation).[22]

---

[22] Indirekt wird dies auch durch die Ergebnisse der schriftlichen Nachbefragung bestätigt, in der die Teilnehmer/-innen u. a. die Moderation der Forumsdiskussionen bewerten konnten. Diese ergab, dass die Moderation am positivsten wahrgenommen wurde, wenn diese (non-direktiv) intensiv erfolgte und ein Face-to-Face-Kennenlernen durchgeführt worden war. Besonders deutlich fällt dabei der Unterschied zu den beiden zurückhaltend moderierten Gruppen aus.

4 Spontanität vs. Reflektiertheit

4.1 Spontanität vs. Reflektiertheit in Gruppendiskussionen

(1) Wenn Selbstläufigkeit eine Art Gütezeichen für das Gelingen von Gruppendiskussionen ist, so ist dies für die einzelnen Beiträge und das Verhalten der Teilnehmer/-innen die Spontanität. Dabei hat Spontanität im Kontext rekonstruktiver Gruppendiskussionen auf Basis der Dokumentarischen Methode zumindest keinen systematischen Stellenwert, indirekt aber dadurch, dass Selbstläufigkeit als „wechselseitige Steigerung der Redebeiträge" (vgl. Kapitel 3) definiert wird, was eher auf spontane Äußerungen der Teilnehmer/-innen schließen lässt. Nur wenn möglichst viele Beiträge spontan erfolgen, so ist zu vermuten, ist die Diskussion auch selbstläufig.[1]

Wesentlich stärker, wenn auch ohne dezidierte methodologische Begründung, wird Spontanität in der Tradition der Focus-Group-Forschung akzentuiert. Die Spontanität von Redebeiträgen wird hierbei als Zeichen einer guten Diskussionsqualität verstanden und für die Moderation entsprechend empfohlen, insbesondere durch die atmosphärischen Rahmenbedingungen dafür zu sorgen, dass sich die Teilnehmer/-innen der Gruppendiskussionen möglichst spontan äußern. Die sich dadurch entfaltende Diskussionsdynamik offenbare den Forscher/-innen Einblicke in die Vor- und Einstellungen der Teilnehmer/-innen, die ihnen auf anderen Wegen nicht möglich seien. Gerade hierin sieht z. B. Morgan (1997) den Vorteil von (Fokus-)Gruppendiskussionen gegenüber Interviews und deren Legitimation als eigenständiges Erhebungsverfahren. In diesem Sinne empfehlen auch Kühn und Koschel (2011: 165), dass Teilnehmer/-innen „zu Spontanität ermutigt" werden sollten. Daher dürfe die „spontane Dynamik der Gruppe [...] nicht durch einen zu stark vorstrukturierten Leitfaden behindert werden" (Kühn/Koschel 2011: 99). Die Moderation kann und soll dabei die Teilnehmer/-innen auch direkt zu Spontanität auffordern.[2]

Warum Spontanität bzw. „unüberlegte" und „ungezwungene" Redebeiträge als erforderlich angesehen werden, wird dabei nicht sehr deutlich. So liege der allgemeine „Vorteil eines nicht durch den Moderator unterbrochenen Austausches der Teilnehmer untereinander [...] darin, dass eine zunehmend ungezwungene Atmosphäre ent-

---

1 Viel deutlicher war hier bereits Pollock (1955; ähnlich auch Mangold 1973), der spontane Äußerungen in Gruppendiskussionen für nützlich, wenn nicht notwendig für die Erfassung nicht öffentlicher Meinungen (bei Mangold: informelle Gruppenmeinungen) hält. Durch die Spontanität und Eigendynamik der Gruppensituation „verraten" die Teilnehmer/-innen gewissermaßen ihre „wahren" (informellen) Meinungen, die sonst – wohl vor allem aufgrund des Effektes sozialer Erwünschtheit – nicht geäußert würden. (Dass – und wie gut – dies gelungen ist, konnten Pollock und seine Mitarbeiter sehr eindrücklich in ihrer Studie zeigen.)
2 „Eine gute Einstiegsfrage bezieht sich häufig auf spontane Einfälle zu einem Thema, z. B.: ‚Was fällt Ihnen spontan zum Thema Körperpflege ein? Welche Bilder, Gefühle, Namen, Situationen kommen Ihnen gleich in den Sinn?'" (Kühn/Koschel 2011: 110).

https://doi.org/10.1515/9783110665987-004

steht, in der Befragte spontan und in eigenen Worten ihre Sichtweise zum Ausdruck bringen können". Die Teilnehmer/-innen sollen zudem zur Äußerung abweichender und unausgegorener Ansichten motiviert werden, indem ihnen versichert werde, „dass nicht jedes Wort auf die Goldwaage gelegt wird" (Kühn/Koscher 2011: 110).

Dass sich Teilnehmer/-innen von Gruppendiskussionen (angst)frei und ohne stärker durch eine Moderation gelenkt in einer dafür förderlichen Gesprächsatmosphäre äußern, gehört allerdings zu den allgemeinen Minimalansprüchen aller (qualitativen) Befragungs- und Gesprächstechniken und kann daher allein nicht begründen, warum spontane Äußerungen von Teilnehmer/-innen angestrebt werden. Dies liegt nicht zuletzt auch daran, dass Spontanität an keiner Stelle definiert wird. Entsprechend unscharf bleibt, wodurch sich spontane von nicht spontanen (überlegten? kontrollierten? selbst-zensierten?) Beiträgen unterscheiden.[3]

(2) Bei aller gebotenen Vorsicht können aus diesen Darstellungen zwei grundsätzliche Motive herausgelesen werden: Beim ersten handelt es sich um eine in der qualitativen Sozialforschung weit verbreitete Vorstellung, wenn nicht Postulat, dass qualitative Daten einem als „natürlich" apostrophierten Kontext entnommen werden sollten, weil sie dann nur als „authentisch", nicht reaktiv und unverzerrt gelten können. Spontanität gilt hier dann als ein Indikator für die *„Natürlichkeit"* von Interaktionen: Je spontaner Gespräche geführt werden, desto „natürlicher" und für die qualitative Datengewinnung geeigneter sind sie. Gegen diese „naturalistische" Sicht (vgl. u. a. Gubrium/Holstein 1997; Lincoln/Guba 1985) müssen zwei wesentliche Einwände geltend gemacht werden:

Erstens sind „natürliche" Interaktionen oft nicht spontan, weshalb scharf zwischen der Natürlichkeit und der Spontanität von Gesprächen zu unterscheiden ist (vgl. Schank 1979; Schu 2001); zumindest ist Spontanität kein hinreichender Indikator

---

3 „Spontanität" (auch „Spontaneität") wird in den verschiedenen fachwissenschaftlichen Kontexten oft und recht unterschiedlich verwendet, dabei aber nur selten definiert. Mindestens vier Bedeutungen können für „spontan" und „Spontanität " unterschieden werden: Einerseits wird spontanes Handeln mit *„automatischen"* (eher unbewussten, habitualisierten) Handlungsmustern gleichgesetzt und, etwa in Rational Choice-Ansätzen, mit rational-abwägendem Handeln kontrastiert (u. a. Esser 1996). In einem psychoanalytisch geprägten Sprachgebrauch werden dagegen vor allem *impulsive* oder *emotionale* Äußerungen und Reaktionen als spontan verstanden (u. a. auch in künstlerischen Bereichen). In wiederum anderen, insb. naturwissenschaftlichen Feldern (u. a. Evolutionsbiologie, Medizin, Thermodynamik) werden auch *„überraschende",* zufällige oder nicht erklärte Veränderungen oder die Entstehung neuer Strukturen häufiger als „spontan" bezeichnet (z. B. spontane Strukturbildung, Spontanheilung; eine ähnliche Begriffsverwendung findet sich auch in Theorien sozialen Wandels). Schließlich gelten in der Organisationstheorie *freiwillige,* nicht durch das Management initiierte Handlungen und Prozesse als „spontan", selbst wenn diesen lange Planungszeiten vorausgehen sollten (George/Jones 1997). Spontanität kann also sehr unterschiedliche Handlungsformen und Muster bezeichnen. Bei aller Unsicherheit angesichts fehlender Präzisierungen kann hier aber wohl davon ausgegangen werden, dass in der qualitativen Sozialforschung meist „impulsive" Reaktionen und Äußerungen, die nicht-abgewogen und ohne Rücksicht auf geltende Konventionen erfolgen, gemeint sind, wenn zu spontanen Redebeiträgen motiviert wird.

für die „Natürlichkeit" von Gesprächen. Gedacht wird hier wohl auch eher an („herrschaftsfreie") Alltagsgespräche, für die zumindest ein höheres Maß an Spontanität vermutet werden kann als für formalisierte Gesprächssituationen, die aber auch nicht zwangsläufig oder gar ausschließlich spontan verlaufen müssen. Sie sind dies zudem weniger, wenn den Beteiligten bewusst ist, dass ihre Interaktion für Forschungszwecke (oder andere) beobachtet wird (Beobachterparadoxon).[4]

Zweitens sind Gruppendiskussionen – in welcher Form (online oder face to face) auch immer sie stattfinden und unabhängig von Moderationsstilen – keine natürlichen Gesprächssituationen, sondern „institutionelle". Eine vermeintlich natürliche (Alltags-)Gesprächssituation wird daher auch immer nur annäherungsweise erreicht oder „simuliert", was die Teilnehmer/-innen einer Gruppendiskussion in die hoch paradoxe Situation bringt, sich in einem stark formalisierten Kontext wie in lebensweltlichen Interaktionen verhalten zu sollen.[5]

Ist die naturalistische Argumentation also wegen unhaltbarer Prämissen nicht tragfähig, so bleibt noch die zweite mögliche Begründung für die erwünschte Spontanität. Sie besteht in der Annahme, dass spontane Äußerungen einen *Zugang zu Erfahrungsbereichen und Sinnebenen* ermöglichen, die auf anderen Wegen nicht oder schlechter erschlossen werden können. Hier können wiederum mindestens drei Formen oder Ebenen analytisch unterschieden werden: die Vermeidung von Effekten sozialer Erwünschtheit, der Zugang zu latenten Sinnstrukturen und die Hervorlockung von (manifesten) Informationen, die die Teilnehmer/-innen in kontrollierten Redebeiträgen nicht preisgeben würden. An diesem Punkt scheinen sich der „focus group research" und die „deutsche" Tradition der Gruppendiskussionsforschung zu treffen: Ersterer geht es vermutlich primär um die Vermeidung sozialer Erwünschtheit, während sich die neuere Gruppendiskussionsforschung vor allem für die kollektiven Orientierungen realer Gruppen interessiert.

(3) Auch wenn man konzediert, dass spontane Äußerungen eher Rückschlüsse auf latente Sinngehalte ermöglichen, müsste zur Beurteilung von Gruppendiskussionsverfahren explizit gemacht werden, woran Spontanität festgemacht wird. Derartige „Operationalisierungen" sind im Bereich der Face-to-Face-Gruppendiskussionen nicht zu finden[6], können hier also nicht einfach übernommen oder aus ihnen abge-

---

4 Folgt man der Argumentation Schus (2001) sind Beobachtereffekte bei mündlicher Kommunikation wahrscheinlicher als bei schriftlicher.

5 Sowohl auf den institutionellen Charakter von Gruppendiskussionen als auch auf die Absurdität der den Teilnehmer/-innen abverlangten Spontanität haben insb. Wolff und Puchta (2007: 70 ff.) aufmerksam gemacht.

6 Grundsätzlich wäre dies ohne weiteres möglich. Wie bei der Selbstläufigkeit könnte man hier die Dichte der aufeinanderfolgenden Beiträge, ein häufiges „Ins-Wort-Fallen" und bestimmte Formen der Intonation, Mimik und Gestik als Kriterien für Spontanität heranziehen. Insbesondere aber können sprachliche Eigenschaften wie kurze und abgebrochene Sätze, umgangssprachliche Formulierungen oder Klitisierungen als Merkmale der Spontanität von (mündlichen) Redebeiträgen angesehen werden.

leitet werden. Dies wäre aber wohl auch nicht möglich, denn für Forumsdiskussionen kann aufgrund der medialen Bedingungen (insb. der Schriftlichkeit der Beiträge und der Asynchronität) ausgeschlossen werden, dass Beiträge in einem engeren Sinne spontan erfolgen. Grundsätzlich wäre es zwar möglich, z. B. die Zeit zwischen dem Lesen eines Beitrags und der möglichen Reaktion darauf zu messen und zu vergleichen, aber selbst für Forumsdiskussionen schnelle „Postings" sind zumindest im herkömmlichen Sinne alles andere als „spontan".[7] Wie wir an anderer Stelle ausgeführt haben (Ullrich/Schiek 2014: 467 f.), sind Forumsdiskussionen schlicht nicht auf Spontanität ausgelegt, was andererseits unterschiedliche Grade (eher geringer) Spontanität natürlich nicht ausschließt.

Dies gilt auch für die Verwendung von Emoticons und anderer Formen (wie Formatierungen, Inflektive usw.), mit denen in Online-Medien (spontane) Gefühle mitgeteilt werden. Ob es sich hierbei um „echte" Affekte und Emotionen handelt, ist zumindest strittig (Graßl 2014; Jänich 2014). In jedem Fall unterscheiden sich diese „berichteten" Emotionen aber von direkt beobachteten, gerade weil sie in einer bewusst durchgeführten Handlung anderen mitgeteilt werden (Ullrich/Schiek 2014: 465 f.). Selbst wenn die dahinterstehenden Emotionen also glaubhaft sein sollten – die übermittelten Zeichen (der Prozess des Schreibens) sind sicher nicht spontan.

In Online-Medien, vor allem aber in asynchronen Kommunikationsformen (und beides trifft für Forumsdiskussionen zu) kann also auch die Verwendung scheinbar spontaner Ausdrucksmittel, nicht darüber hinwegtäuschen, dass Redebeträge nie spontan im Sinne einer impulsiven, in dieser Form womöglich nicht beabsichtigten Äußerung sein können. Die Verwendung entsprechender Stilmittel (wie u. a. auch Hervorhebungen, Umgangssprache, Anakoluthe) in schriftlich-asynchroner Kommunikation kann daher als „demonstrative" oder „inszenierte Spontanität" bezeichnet werden.[8] Umgekehrt ist natürlich nicht auszuschließen, dass schriftliche, nicht spontane Mitteilungen über spontane Reaktionen authentisch sind im Sinne des Versuchs einer genauen Wiedergabe ursprünglicher Spontanität. Ebenso können inszenierte Formen von Spontanität durchaus Versuche einer äquivalenten Reproduktion spontaner Reaktionen und Äußerungen sein.

---

7 Hierin unterscheiden sich Forumsdiskussionen von (synchronen) Chats, bei denen Verhaltensformen während des Chattens (wie Löschvorgänge oder die Zeitspanne zwischen dem Schreiben und Abschicken eines Beitrags) als Indikatoren für die Spontanität des Diskussionsverhaltens herangezogen werden können (vgl. z. B. Beißwenger 2007).

8 Hierdurch unterscheidet sich Spontanität u. a. von Emotionalität und weiteren, der „Nahkommunikation" zugerechneten Merkmalen (vgl. Koch/Oesterreicher 1994). So kann im Fall von Emotionalität nicht per se behauptet werden, dass „mitgeteilte" Emotionen weniger authentisch oder gültig sind als direkt beobachtete. Beide Formen können sowohl „echt" als auch „vorgetäuscht" sein, wenn das Vortäuschen („Vorspielen") von Emotionen in Face-to-Face-Situationen sicher auch „anspruchsvoller" ist als in schriftlicher Kommunikation.

Tab. 4.1: Formen von Spontanität in mündlicher und schriftlicher Kommunikation (Quelle: eigene Darstellung)

Kommunikation	echte (authentische) Spontanität	inszenierte (demonstrative) Spontanität
mündlich (medial)	„normale" Spontanität (impulsive Äußerungen wie Ausrufe usw.)	vorgetäuschte (gespielte) Spontanität; paradoxe Spontanität („sei spontan")
schriftlich (medial)	synchron-schriftliche Spontanität, u. a. in Chats und Instant Messengern (u. a. Verkürzungen der Schriftsprache)	synchron-schriftliche Spontanität: (a) als Mitteilung oder (b) als „Reproduktion" echter Spontanität (inszeniert)

Andererseits ist aber auch mündliche Kommunikation natürlich nicht immer oder gar zwangsläufig spontan.[9] Dies gilt nicht nur für hoch institutionalisierte Kommunikationsformen (wie Gerichtsverhandlungen, Liturgien, mündliche Prüfungen), sondern auch für Alltagsgespräche. Daher besteht auch in mündlichen Kommunikationsformen hinreichend Spielraum für inszenierte Formen von Spontanität (vgl. Tabelle 4.1).

(4) Beiträge in Forumsdiskussionen können in einem engeren Sinne also nicht spontan sein, weil das Verfassen eines Beitrags (inkl. Einloggen, Lesen anderer Beiträge, Schreiben, Abschicken) dafür zu viel Zeit erfordert. Verfasser/-innen von Forumsbeiträgen sind also bereits aufgrund der technisch-medialen Bedingungen und selbst, wenn sie dies nicht wollen, gezwungen, zumindest in einem gewissen Umfang über den eigenen Beitrag zu reflektieren.

In diesem Sinne kann „Reflektiertheit" als ein Gegenpol zu Spontanität verstanden werden.[10] Reflektiertheit im Sinne eines überlegten, abwägenden, argumentierenden Verfassens von Text wird gemeinhin mit schriftsprachlicher Kommunikation in Verbindung gebracht und als ein wichtiger Vorzug schriftlicher Texte gegenüber mündlicher Kommunikation angesehen (vgl. u. a. Ricoeur 1971; Simmel 1983). So stellen auch Koch und Oesterreicher (1994) in ihrer einflussreichen Unterscheidung von medialer und konzeptioneller Schriftlich- und Mündlichkeit Reflektiertheit und Spontanität gegenüber und ordnen erstere dem schriftlichen bzw. Distanz- und Spontanität dem mündlichen bzw. Nähe-Pol zu.

Für Forumsdiskussionen haben wir an anderer Stelle argumentiert, dass in der größeren Reflektiertheit (nicht spontaner) Beiträge auch ein methodischer Vorteil gesehen werden kann (Ullrich/Schiek 2014; vgl. a. Kelle et al. 2009: 187; Mann/Stewart

---

[9] Auch Koch und Oesterreicher (1994) verstehen Schriftlichkeit und Mündlichkeit primär als Nähe (Mündlichkeit) und Distanz (Schriftlichkeit) von Kommunikation, wobei Spontanität allerdings wiederum mit Nähe verbunden wird (vgl. Koch/Oesterreicher 2008).

[10] Spontanität (im Sinne von Impulsivität) und Reflektiertheit schließen sich nicht notwendig aus bzw. nur am positiven Pol: Man kann nicht spontan und reflektiert sein, aber sehr wohl weder spontan noch reflektiert.

2000: 102; Volst 2003: 106). Grundsätzlich, aber vor allem in Hinblick auf Forumsdiskussionen, gilt jedoch, dass Schriftlichkeit und Asynchronität Reflektiertheit erst
ermöglichen, sie aber nicht automatisch hervorbringen. So wenig wie Face-to-Face-
Gruppendiskussionen per se selbstläufig und spontan sind, so wenig garantiert bereits die Notwendigkeit schriftlicher Kommunikation, dass Beiträge reflektiert sind.
Daher sind Kriterien zu finden, an denen die Reflektiertheit von Forumsbeiträgen beurteilt werden kann.

(5) Aber auch Reflektiertheit ist alles andere als ein klar definiertes Konzept und
daher auch nicht einfach unmittelbar beobachtbar. Wenn wir im Folgenden für Beiträge aus Forumsdiskussionen untersuchen, wie reflektiert diese sind, wird dies in erster
Linie anhand formaler Merkmale der Diskussionsbeiträge beurteilt, und zwar vor allem daran, wie ausführlich die Darlegungen in den Beiträgen sind (nur kurze Einwürfe
und Meinungsäußerungen oder längere Erzählungen und Begründungen?).[11]

Als Indikatoren für Reflektiertheit können daher vor allem die *Länge* und die
Strukturiertheit der Beiträge angesehen werden. Je länger und strukturierter ein Beitrag ist, desto eher wird dieser auch reflektiert sein. Mit Strukturiertheit ist dabei gemeint, inwieweit einem Diskussionsbeitrag eine komplexere textliche Struktur (z. B.
längere Erzählungen und Argumentationen bzw. die Kombination unterschiedlicher
Textsorten) zugrunde liegt, die sich deutlich von der mündlicher Sprache abhebt.

Gegenanzeigen eines reflektierten Verfassens von Diskussionsbeiträgen in Forumsdiskussionen sind entsprechend kurze und kaum strukturierte Beiträge. Aber
auch „emotionalisierte" Beiträge (die u. a. mit Emoticons, spezifischen Formatierungen und Inflektiven angezeigt werden), Häufungen orthografischer und grammatika-
lischer Fehler und die Verwendung von Umgangssprache können als Hinweise auf
eher wenig reflektierte Beiträge gelten.

4.2 Spontanität und Reflektiertheit in Forumsdiskussionen

Die Spontanität und die Reflektiertheit der Diskussionsbeiträge resp. der gesamten
Forumsdiskussionen soll im Folgenden anhand von drei Kriterien untersucht werden:
der Länge der Beiträge, der Strukturiertheit der Beiträge sowie anhand von Indikatoren konzeptioneller Mündlichkeit. Dabei verstehen wir längere und stärker strukturierte Beiträge als Anzeichen von Reflektiertheit, einen eher mündlichen Sprachduk-
tus als Ausdruck von Spontanität. Dies allerdings jeweils nur vorläufig, denn wie noch
deutlich wird, müssen sich Spontanität und Reflektiertheit auch empirisch nicht ausschließen.

---

11 Beiträge in Forumsdiskussionen, die vornehmlich selbstbezüglich sind, werden hier dagegen nicht
(allein deshalb) als reflektierte Beiträge verstanden. Ebenso wenig ist mit der Klassifizierung als „reflektiert" eine (alltagssprachlich verbreitete) normative Bewertung impliziert.

(1) Die *Länge der Beiträge* in den Forumsdiskussionen liefert erste Hinweise auf die Spontanität und Reflektiertheit der Diskussionsbeiträge. Eher lange Beiträge können nicht nur als Ausdruck von Selbstläufigkeit (s. Kapitel 3), sondern vor allem auch von einer gewissen Reflektiertheit verstanden werden. Schon, dass das Verfassen längerer Beiträge mehr Zeit erfordert und mit mehr Aufwand verbunden ist, spricht hierfür. Umgekehrt scheinen spontane Äußerungen auf eine nur schwer näher bestimmbare Kürze angewiesen. Zumindest ist ein langer, womöglich mehrere Absätze umfassender Beitrag nur schwer als „spontan" vorstellbar.

Aufgrund der Schriftlichkeit der Beiträge und der Asynchronität der Diskussionen ist für Forumsdiskussionen von einer gegenüber Face-to-Face-Diskussionen deutlich größeren Beitragslänge auszugehen, aber auch im Vergleich zu anderen Formen computermediatisierter Kommunikation wie insbesondere Chats (vgl. u. a. Beißwenger 2007; Erdogan 2001; Ullrich/Schiek 2014). Wie schon bei der Einschätzung der Selbstläufigkeit der Forumsdiskussionen gezeigt wurde, konnte diese Vermutung grundsätzlich bestätigt werden. Dabei sind die Unterschiede in der durchschnittlichen Beitragslänge zwischen den einzelnen Forumsettings alles in allem sehr gering (s. Tabelle 4.2). Festzustellen ist eine, wenn auch schwache Tendenz, dass leitfadenmoderierte Gruppen im Vergleich zu non-direktiv moderierten zwar weniger, dafür aber etwas längere Beiträge aufweisen. Gleiches trifft für Gruppen mit einer längeren Diskussionszeit zu. Eine intensivere Betreuung der Teilnehmer/-innen und wechselseitige Vorstellungen führen zudem zu mehr Beiträgen von mehr aktiven Teilnehmer/-innen, aber nicht zu längeren Beiträgen.

Ein „kursorischer" Vergleich mit Material aus eigenen Face-to-Face-Gruppendiskussionen bestätigt dann sehr deutlich, dass face to face weit mehr Beiträge entstehen (insgesamt und pro Teilnehmer/-in) als in den Forumsdiskussionen (bis zu 10mal mehr Beiträge). Dagegen sind die Postings der Forumsdiskussionen deutlich länger (gut 5mal so lang wie face to face). Dies kompensiert die geringere Anzahl von Beiträgen aber nur zum Teil, sodass in Face-to-Face-Gruppendiskussionen insgesamt mehr Text generiert wird als in den Forumsdiskussionen.[12]

(2) In eine ähnliche Richtung weisen unsere Befunde zur *Strukturiertheit der Beiträge*. Zur Beurteilung der Strukturiertheit der Forumsdiskussionsbeiträge können dabei die Komplexität des Satzbaus sowie der gesamten Beiträge (hier: Verwendung unterschiedlicher Textsorten) herangezogen werden.

---

12 Dies bestätigt zudem Ergebnisse experimenteller Untersuchungen, die die Textproduktion von konventionellen und Online-Gruppendiskussionen vergleichen (Erdogan 2001; Schneider et al. 2002; Underhill/Olmsted 2003). Bei diesen anwendungsnahen Studien wird die Textmenge meist als zentraler Qualitätsmaßstab angesehen und ist damit auch entscheidend für die Frage, ob Online-Gruppendiskussionen als gangbare Alternative zu Face-to-Face-Gruppendiskussionen angesehen werden können. Underhill und Olmsted (2003: 509 f.) stellen hierzu selbstkritisch fest, dass die Teilnehmer/-innen in Face-to-Face-Gruppendiskussionen zwar mehr Wörter verwenden, aber qualitativ nicht mehr „sagen" als die in Online-Gruppen.

Tab. 4.2: Beiträge und Beitragslänge – Vergleich leitfaden- und non-direktiv moderierter Forumsdiskussionen (Quelle: eigene Darstellung)

	Beiträge	Beiträge pro Gruppe	aktive TN	Anteil aktiver TN	Beiträge pro akt. TN	durchschnittl Beitr.länge	Beitr.länge pro akt. TN
Leitfadenmoderierte Gruppen (12)	566	47,17	177	57,5 %	3,20	1.292	4.133
Leitfadenmoderiert: kleine Gruppen (6)	237	39,50	63	70,0 %	3,67	1.423	5.356
Non-direktiv moderierte Gruppen (8)	422	52,75	71	76,3 %	5,86	1.105	6.573
Non-direktiv-zurückhaltend (2)	54	27,00	16	66,7 %	3,37	1.558	5.495
Non-direktiv-intensiv: alle (6)	368	61,33	55	79,7 %	6,69	1.102	6.949
Non-direktiv-intensiv mit Ftf-Vorstellung (2)	165	82,50	19	90,5 %	8,68	1.081	8.991
Non-direktiv-intensiv ohne Ftf-Vorstellung (4)	203	49,75	36	75,0 %	5,38	1.113	5.928

Wirklich zuverlässige Vergleichsmöglichkeiten zu Face-to-Face-Gruppendiskussionen bestehen hier nicht. Angesichts dessen, dass ein komplexerer („schriftsprachlicher") Satzbau bei medial schriftlicher Kommunikation sowohl sozial erwartet wird, als auch empirisch beobachtet werden kann (und zwar explizit auch in der Online-Kommunikation[13]), dürften jedoch kaum Zweifel daran bestehen, dass der Anteil komplex strukturierter Beiträge (u. a. die regelmäßige Verwendung von Nebensätzen) bei Forumsdiskussionen deutlich größer ist als bei Face-to-Face-Gruppendiskussionen. Zumindest weist im Durchschnitt jeder zweite Forumsbeitrag mindestens eine typisch schriftsprachliche Satzkonstruktion auf. Dabei sind schriftsprachliche Satzkonstruktionen bei den leitfadengestützt moderierten Gruppen etwas häufiger als bei den nondirektiv moderierten Gruppen. Unterhalb dieser Ebene des generellen Moderationsstils sind dagegen keine weiteren Unterschiede festzustellen.

Schwerer zu bewerten ist die Textsortenzusammensetzung, zumal auch hier belastbare Vergleichsoptionen fehlen. Auffällig ist jedoch der recht hohe Anteil von Diskussionsbeiträgen, die sich aus unterschiedlichen Textsorten zusammensetzen (vgl. hierzu Kapitel 6). Daher weist auch dieses Kriterium eher auf eine hohe und sich eher an Normen der Schriftlichkeit orientierende Strukturiertheit der Diskussionsbeiträge hin. Nicht überraschend ist, dass die Komplexität der Textsortenzusammensetzung mit der Beitragslänge und beide wiederum mit der Dauer der Diskussion variieren: Der Anteil komplex strukturierter Beiträge ist bei kürzeren Beiträgen geringer (sehr kurze Beiträge können im definierten Sinne nicht komplex sein) und sinkt zum Ende der Diskussionen. Weitere Unterschiede nach der Art des Forumssettings (u. a. Moderationsart, Gruppengröße) konnten nicht beobachtet werden.

(3) Der vielleicht härteste Prüfstein für Spontanität ist für schriftlich-asynchrone Beiträge in Forumsdiskussionen die Verwendung „konzeptionell mündlicher" Elemente.[14] Zu solchen typisch konzeptionell-mündlichen Elementen zählen u. a. der bewusste Verzicht auf eine (namentliche) Anrede, ein Verzicht auf oder keine durchgehende Beachtung der Großschreibung, Tippfehler, eine falsche Orthografie (jenseits automatisierter Korrekturfunktionen), eine rudimentäre, meist auf Satzendzeichen beschränkte Interpunktion, die Verwendung umgangssprachlicher Formulierungen, Anakoluthe und Klitisierungen.

Auch Mündlichkeit (konzeptionelle, nicht mediale) kann, muss aber kein Ausdruck von Spontanität sein, ebenso wenig wie konzeptionelle Schriftlichkeit zwangsläufig mit Reflektiertheit einhergeht. Das Auseinanderfallen von medialer und kon-

---

13 Zahlreiche linguistische Untersuchungen befassen sich zwar mit einem Phänomen, das man als „Vermündlichung" medial schriftlicher Kommunikation bezeichnen könnte (vgl. u. a. Graßl 2014; Storrer 2001; Ziegler 2002). Auch in diesen Medien und Kommunikationsformen (E-Mail, Chat, Mikroblogs usw.) handelt es sich aber „nur" um ein relatives, wenn oft auch deutliches Abweichen von (vermeintlich) geltenden Normen medial schriftlicher Kommunikation.
14 Zu konzeptionell mündlichen Elementen in computermediatisierter Kommunikation vgl. u. a. auch Dürscheid (2003) und Wirth (2005).

zeptioneller Form kann aber zumindest als Durchbrechen oder Relativieren, womöglich in ironisierender Form (und damit reflektiert), der medial vorgezeichneten Grundform verstanden werden, die zwar nicht nur, aber auch aus dem Bedürfnis einer spontaneren Kommunikation resultiert.

Umgekehrt ist daher zu konzedieren, dass konzeptionelle Mündlichkeit mehr ist, mehr und manchmal vielleicht auch anderes indiziert als nur Spontanität; andererseits bestehen wiederum enge Beziehungen zwischen Spontanität und anderen Gründen und Merkmalen konzeptioneller Mündlichkeit (u. a. Dialogizität, Vertrautheit und Emotionalität), sodass konzeptionelle Mündlichkeit zwar nicht mit Spontanität gleichgesetzt werden kann, man aber dennoch von einer größeren Spontanität ausgehen kann, wenn Aspekte konzeptioneller Mündlichkeit häufig und kumuliert auftreten.

Auch auf der konzeptionellen Ebene besteht insofern kein einfacher Gegensatz zwischen Spontanität und Mündlichkeit auf der einen und Reflektiertheit und Schriftlichkeit auf der anderen Seite. Vielmehr sind auch „konzeptionell mündlich" verfasste Schrifttexte (d. h., mit einem für medial schriftliche Kommunikation unüblichen[15] Anteil mündlicher Elemente) nie „wirklich" spontan, sondern suggerieren über die Verwendung „mündlicher" Elemente (u. a. Interjektionen, Emoticons, Umgangssprache) sowohl „inszenierte" Spontanität als auch emotionale Nähe und Vertrautheit.[16] Umgekehrt schließen sich aber auch Reflektiertheit und bestimmte Aspekte oder Formen von Mündlichkeit nicht aus, was auch in vielen Beiträgen in den Forumsdiskussionen deutlich wird.

Der folgenden Analyse liegen aus diesem Grund auch nicht einzelne Aspekte konzeptioneller Mündlichkeit zugrunde, sondern ein ganzer Merkmalkomplex. Zu diesem gehören:[17]
– Abkürzungen
– Anakoluthe (Satzabbrüche)

---

15 Was mündlich und schriftsprachlich „üblich" ist, ist allerdings nicht unumstritten. Eine umfangreiche empirische Analyse (Biber 1988) zu unterschiedlichen schriftlichen (u. a. Zeitungsartikel, Fachaufsätze, Romane) wie mündlichen (u. a. Predigten, Vorträge, Gerichtsverhandlungen, Radioberichte) Kommunikationsformen konnte zeigen, dass klare Gegenüberstellungen zwischen mündlicher und schriftlicher Sprache nicht sinnvoll sind (bzw. nur, wenn wissenschaftliche Aufsätze als Maßstab für Schriftlichkeit implizit verwendet werden).

16 In diesem Sinne können auch Beitragsformen als „inszeniert" gelten, in denen die anderen Teilnehmer/-innen durch eine Art „lautes Denken" bzw. „öffentliches Reflektieren" gewissermaßen am eigenen, nur scheinbar spontanen Denkprozess beteiligt werden. Derartige „innere Monologe" können vielleicht als Zeichen für Offenheit (disclosure) gelten, nicht aber als Spontanität.

17 Auf der „technischen" Ebene können hier drei Formen „verschriftlichter Mündlichkeit" unterschieden werden: (1) klassische Mündlichkeit (u. a. Klitisierungen, Anakoluthe, fehlende Anrede, Umgangssprache), die in die (medial) schriftliche Form übernommen werden; (2) in Schriftsprache „übersetzte" Mündlichkeit (insb. para- und nonverbale Elemente wie Betonungen, Emoticons, Gesten); (3) erst durch die mediale Schriftlichkeit ermöglichte „Unschriftlichkeit" (u. a. Tippfehler, Abkürzungen, Ziffern und Rechtschreibfehler).

- Aneinanderreihungen von Sätzen (z. B. mehrere Und-Verbindungen)
- Ausrufe (Interjektionen des Erstaunens und Bedauerns wie „Ahhh", „Ooooh")
- fehlende Anrede/Begrüßung, meist verbunden mit einem direkten Redeanschluss
- fehlerhafte Interpunktion
- Füllwörter („halt", „und so")
- Herstellung emotionaler Nähe (u. a. mit Emoticons)
- Klitisierungen („s'war", „da ham wir")
- Nichtbeachtung der Groß- und Kleinschreibung
- orthografische und grammatikalische Fehler
- Tippfehler
- verschiedene Formen der Betonung (Großschreibung, Fettschreibung usw.)
- verschriftlichte Gesten („mit Augen roll")
- Verwendung umgangssprachlicher Ausdrucksformen („könnte kotzen")
- Verwendung von Ziffern für die Zahlen 1 bis 12

Umgekehrt wurden typisch schriftliche Formulierungsweisen („welches", „dieses"), das Einfügen von Links, Videos und Querverweisen, Satzkonstruktionen, die sowohl grammatikalisch als auch semantisch der Schriftsprache zuzuordnen sind (u. a. Verwendung von Nebensatzkonstruktionen), eine weitgehend korrekte Orthografie, die erkennbare Gliederung eines Beitrages (z. B. mit einer Einleitung) sowie schließlich die Verwendung spezifischer Satzzeichen (z. B. Anführungszeichen) und von Fachsprache als konzeptionelle Schriftlichkeit interpretiert.

Die Beurteilung der Frage, ob bzw. in welcher Form die Diskussionsbeiträge in den Forumsdiskussionen konzeptionell eher mündlich oder schriftlich sind (oder auch beides oder Drittes), beruht zum einen auf dem kontrollierten Beobachten der erwähnten Merkmale, noch mehr aber auf interpretativen Analysen. Diese sind vor allem für die Gesamteinschätzung des sehr großen Merkmalkomplexes notwendig sowie für eine typisierende Unterscheidung. So lassen sich als Ergebnis der Analysen dieser Merkmale drei grundlegende Formen (oder Typen) der Verwendung konzeptioneller Schrift- und Mündlichkeit unterscheiden (s. Tabelle 4.3):

Die klarste ist vielleicht die *klassische Schriftlichkeit*. Die Beiträge erfüllen dabei fast durchgehend alle etablierten Kriterien von Schriftlichkeit. Die mediale und die konzeptionelle Form konvergieren hier also. Dies gilt insbesondere für „Essentials" von Schriftlichkeit wie Orthografie und Interpunktion. Konzeptionelle Abweichungen in Richtung Mündlichkeit sind selten und auf den „medial naheliegenden" Bereich begrenzt (z. B. Verzicht auf Anredeformeln).

Die zweite Form kann hier als *„Mündlichkeit in Schriftlichkeit"* charakterisiert werden. Die diesem Typus zuzuordnenden Beiträge sind im Kern – insbesondere im Satzbau und der Orthografie – schriftlich. Im Rahmen dieser Schriftlichkeit „bedienen" sie sich aber spezifischer mündlicher Elemente (u. a. Füllwörter, Anakoluthe, Umgangssprache), ohne dabei allerdings aus der (schriftlichen) Form zu fallen. Man kann darin einen eher spielerischen Umgang oder eine um stilistische Erweiterungen bemühte

Schriftlichkeit sehen. Ein anderes und einfaches Motiv für „Mündlichkeit in Schriftlichkeit" könnte aber auch sein, den mit „richtiger" Schriftlichkeit verbundenen Aufwand zu vermeiden.

Ein dritter Typ soll hier als *„demonstrative Mündlichkeit"* bezeichnet werden. In den entsprechenden Diskussionsbeiträgen wird Mündlichkeit – man möchte meinen: sehr bewusst – praktiziert. Dies geschieht oft genug gegen die mediale Logik und ist mit zusätzlichem, „das Schriftmedium überwindendem" Aufwand verbunden, wenn z. B. prosodische und nonverbale Elemente als Betonungsmarkierungen, Interjektionen oder Emoticons „schriftlich simuliert" werden. Es handelt sich hierbei also nicht um einen „bequemen", auf aufwändigere Formen von Schriftlichkeit verzichtenden Beitragsstil, sondern um eine „wider dem Medienzwang" durchgesetzte, und daher hier als „demonstrativ" bezeichnete Form von Mündlichkeit.

Was bedeutet dies nun für die Spontanität bzw. Reflektiertheit der Beiträge? Klassisch schriftliche Beiträge können mit Sicherheit als nicht spontan bzw. als reflektiert gelten. Sie erfüllen weitestgehend die üblichen, mit der Schriftsprache verknüpften Erwartungen hinsichtlich Reflektiertheit und Spontanität (aber auch Nähe und Emotionalität).

Darüber hinaus spiegeln viele Beiträge in den Forumsdiskussionen die Ambiguität konzeptioneller Mündlichkeit. Sie enthalten z. B. oft Elemente der Nähe bzw. der Näheherstellung, sind aber dennoch nicht (unbedingt, erkennbar) spontan. Demonstrativ-mündlich verfasste Beiträge können aber zumindest insoweit als spontan gelten, als Optionen einer schriftlich-reflektierten Form nicht genutzt werden. Dies gilt vor allem für leicht verfügbare, weil durch das Medium bereitgestellte „Verschriftsprachlichungsstützen" wie insbesondere nachträgliche (oder synchrone) Grammatik- und Rechtschreibkontrollen.

Mündlich-schriftlich verfasste Beiträge können dagegen nicht als spontan gelten. So lässt zwar das relativ häufige Auftreten von Rechtschreib- und Tippfehlern auf einen bewussten Verzicht auf Korrekturoptionen schließen; die insgesamt starke Orientierung am schriftsprachlichen Modus (relativ komplexer Satzbau, in weiten Teilen korrekte Grammatik und Interpunktion) lässt aber erkennen, dass die Verfasser/-innen der Beiträge diese sehr wohl kontrollieren. Da typisch mündliche Elemente (u. a. Umgangssprache, Anakoluthe) eher situativ verwendet werden, kann man in diesen Fällen von einer „inszenierten" Spontanität sprechen, die, wie erläutert, durchaus eine ursprüngliche, „echte" Spontanität wiedergegen kann, ohne selbst spontan geäußert worden zu sein.

Hinsichtlich der über die Mündlich- und Schriftlichkeit der Forumsbeiträge ermittelten Spontanität bzw. Reflektiertheit bestehen zwar *Unterschiede zwischen den einzelnen Diskussionsgruppen.* Diese lassen sich aber nicht auf die unterschiedliche Gestaltung der einzelnen Gruppen (z. B. Art der Teilnehmervorstellung und grundlegender Moderationsstil) zurückführen. Die Form, in der Beiträge verfasst werden, hängt offenbar mehr von den einzelnen Teilnehmer/-innen und ihren „Stilvorstellungen" ab. So lässt sich zeigen, dass Teilnehmer/-innen sich von ihrem einmal gewählten Bei-

Tab. 4.3: Konzeptionelle Mündlichkeit und Schriftlichkeit in Diskussionsbeiträgen (Quelle: eigene Darstellung)

Demonstrative Mündlichkeit	Mündlichkeit in Schriftlichkeit	Klassische Schriftlichkeit
allgemeine Charakterisierung		
– häufige orthografische, grammatische und Tippfehler – rudimentäre Interpunktion – Verzicht auf durchgehende Groß- und Kleinschreibung – Merkmale mündlicher Sprache (u. a. Klitisierungen, Anakoluthe, Umgangssprache) – typisch mündliche Satzkonstruktionen – Betonungsmarkierungen	– konzeptionell schriftliche Rahmung (überwiegend korrekte Orthografie, Grammatik und Interpunktion; schriftl. Satzbau) – eher geringer Anteil konzeptionell mündlicher Elemente – häufig aber: Füllwörter, Anakoluthe, Klitisierungen, Umgangssprache – typische „medial nahegelegte" Merkmale (insb. direkter Redeanschluss, Begrüßungsformeln, Einfügen von Bildern und Links)	– geringe Zahl orthografischer und grammatischer Fehler – überwiegend schriftsprachliche Satzkonstruktion – Verwendung von Fachausdrücken; abstrakte Formulierungen – geplante Themenwechsel – strukturierte Argumentation
Einordnung hinsichtlich Spontanität – Reflektiertheit		
spontane bzw. als spontan „inszenierte" Beiträge in Form konzeptioneller Mündlichkeit	eher reflektierte Beiträge mit konzeptionell mündlichen Elementen und geringer Spontanität	hohe Reflektiertheit: Beiträge in Form konzeptioneller Schriftlichkeit

Tab. 4.3: (Fortsetzung)

Demonstrative Mündlichkeit	Mündlichkeit in Schriftlichkeit	Klassische Schriftlichkeit
Textbeispiele		
„Hallo, Ich studiere soziale arbeit im zweiten Semester und habe leider/zum Glück noch nichts von irgendeinem Leistungsdruck mitbekommen. Wir haben weder eine klasur geschrieben, noch eine mündliche Prüfung gehabt. Weils einfsch nicht nötig war, bin ich kaum zur uni gegangen und hab meine hausarbeit trotzdem mit 2,3 bestanden. Von Leistungsdruck keine Spur. Lg"	„Wie ich es finde, wenn Erfolg was damit zu tun hat, was einem so „zufällt": Ich denke, Chancen können einem „zufallen", ob man sie nutzt oder nicht, hängt ja dann wieder von einem selbst ab. Manchmal ebnet sich halt ein Weg und den geht man. Ich finde das ok, vielleicht bin ich auch neidisch auf Menschen, denen so große Chancen zufallen, könnte sein."	„Die Leistung im Berufsleben wird letztlich auf eine völlig andere Weise honoriert. Nämlich monetär, mit Anerkennung der Kollegen und durch die Kunden. Ich spreche da als freier Mitarbeiter für ein Nachhilfeinstitut. Der Unterschied zur Universität ist meiner Meinung nach eklatant. Mir gefällt persönlich die Arbeit wesentlich besser wenn ich direkt vergleichen sollte, aber es ist nunmal so, dass ich ohne Master nicht an deutschen Schulen unterrichten darf.) Es ist einfach etwas völlig anderes und letztlich nicht wirklich miteinander zu vergleichen ob ich a) ein Semester lang für ein Fach lerne, eine Klausur schreibe und dann online z. B. eine 2,0 als Feedback sehe oder b) eine monetäre Wertschätzung erfahre, mir im Austausch mit Kollegen gesagt wird das ich meine Arbeit gut mache und ich auch den Erfolg bei Nachhilfeschülern sehe. Sie etwas durch meine Ausführungen besser verstehen, nachvollziehen können und selbst dann eine bessere Note bekommen"

tragsstil nicht abbringen lassen, auch wenn alle anderen Teilnehmer/-innen der eigenen Gruppe ihre Beiträge in einer anderen Form verfassen.[18] Allerdings weisen die leitfadenmoderierten Diskussionsgruppen einen höheren Anteil konzeptionell schriftlicher Beiträge auf als non-direktiv moderierte. Hingegen bestehen kaum Unterschiede zwischen den non-direktiven Gruppen, die auf unterschiedlichen Settings zurückgeführt werden könnten. Da die leitfadenmoderierten Diskussionsgruppen zudem eher in einem „klassisch-schriftlichen" (und distanzierteren), die non-direktiven dagegen in einem eher „mündlichen", persönlichen Stil moderiert wurden, ist davon auszugehen, dass die Unterschiede zwischen leitfaden- und non-direktiv moderierten Gruppen eher auf den „Sprachstil" (förmlich vs. persönlich) als auf die Grundformen der Moderation zurückzuführen sind.[19]

(4) Insgesamt sollte deutlich geworden sein, dass die Diskussionsbeiträge in den untersuchten Forumsdiskussionen reflektierter und weniger spontan sind als in anderen Gruppendiskussionsformaten und insbesondere in Face-to-Face-Gruppendiskussionen. Alle hier zur Beurteilung der Spontanität und Reflektiertheit der Beiträge herangezogenen Kriterien – die Länge der Beiträge, ihre Strukturiertheit und die Verwendung konzeptionell mündlicher und schriftlicher Elemente – unterstützen diese Einschätzung, insbesondere im vermuteten oder partiell durchgeführten Kontrast zu Face-to-Face-Gruppendiskussionen. Die Beiträge in Forumsdiskussionen sind diesen, aber auch anderen Online-Formaten gegenüber länger, strukturierter und auch konzeptionell schriftlicher.

Dies entspricht im Kern den in Abschnitt 4.1 formulierten Erwartungen und kann insofern nicht überraschen. Die Untersuchung der einzelnen Kriterien hat aber auch gezeigt, dass auch in einer medial schriftlichen Kommunikation wie in Forumsdiskussionen unterschiedliche Formen, wenn nicht von Spontanität selbst, dann von der Vermittlung, Darstellung oder eben Inszenierung von Spontanität möglich sind. Mit einem gewissen Recht könnte man auch von einer forumsspezifischen, asynchron-schriftlichen Spontanität sprechen.

Aber wie immer man diese Befunde und insbesondere die zu den „Mischungsverhältnissen" konzeptioneller Schriftlich- und Mündlichkeit einordnet, ändert dies nichts an der grundsätzlichen Einschätzung einer eher hohen Reflektiertheit der Beiträge in den Forumsdiskussionen. Die Unterschiede zwischen den unterschiedlichen Settings der Diskussionsgruppen scheinen demgegenüber (und im Vergleich zu Face-to-Face-Gruppendiskussionen) alles in allem eher gering.

---

18 Dies gilt jedoch nur für die grundlegende Form (eher schriftlich/eher mündlich). Auf der Ebene einzelner Stilelemente (u. a. bei Anredeformen, Betonungen) war dagegen durchaus ein „Nachahmungs- oder Lerneffekt" in einzelnen Diskussionsgruppen zu beobachten.
19 Auffällig ist schließlich, dass moderationsbezogene Teilnehmerbeiträge etwas häufiger „mündlich" sind als solche, die sich auf andere Teilnehmer/-innen beziehen, und dies insbesondere in den non-direktiv intensiv moderierten Gruppen. Auch dies spricht für eine „stilbildende" Wirkung der Moderationsbeiträge.

Das vielleicht auffälligste Resultat sind hier daher auch nicht Unterschiede zwischen einzelnen Settings oder zu Face-to-Face-Gruppendiskussionen, sondern dass in Forumsdiskussionen eine eigene, neue und „medienspezifische Form" des Umgangs mit Spontanität und Reflektiertheit besteht. Diese – dies haben insbesondere die Analysen zur Mündlichkeit und Schriftlichkeit der Forumsbeiträge gezeigt – lässt sich nicht auf bipolaren Kontinuen (spontan vs. reflektiert, mündlich vs. schriftlich, emotional vs. distanziert usw.) verordnen. Hinsichtlich einer Nutzung von Forumsdiskussionen für Forschungszwecke sind diese Besonderheiten in Rechnung zu stellen (vgl. Kapitel 7).

5 Interaktivität

5.1 Interaktivität als zentrales Merkmal von Gruppendiskussionen

(1) Das stärkere oder schwächere Aufeinanderbezogensein der einzelnen Beiträge wird oft als Interaktionsdichte oder Interaktivität bezeichnet und kann als wichtiges Gütekriterium von Gruppendiskussionen gelten.

Interaktivität wird in der Literatur zur Gruppendiskussionsforschung allerdings nur selten explizit als Qualitätsmerkmal benannt. Und in der Tat ist das Miteinander-Interagieren der Diskussionsteilnehmer/-innen für die Focus-Group-Research-Richtung, die vor allem an einer schnellen und kostengünstigen Gewinnung von Informationen interessiert ist, von geringer Bedeutung, eher ein möglicher zusätzlicher Vorteil, der sich bei Gruppendiskussionen ergeben kann. Gruppeninterviewartige Kommunikationsmuster werden daher kaum als problematisch empfunden. Es kann daher auch nicht überraschen, dass die Interaktivität von Gruppendiskussionen in den experimentell-vergleichenden Studien (u. a. Erdogan 2001; Graffigna/Bosio 2006) kaum untersucht wurde.

Anders ist dies im Bereich der rekonstruktiven Gruppendiskussionsforschung (vgl. u. a. Bohnsack 2014; Bohnsack et al. 2007, 2010). Zwar spielt auch in an der Dokumentarischen Methode orientierten Arbeiten Interaktivität als Begriff kaum eine Rolle. Das Insistieren auf eine intensive Diskussionsdynamik und vor allem die methodisch zentrale Bedeutung sog. Fokussierungsmetaphern lassen andererseits aber keinen Zweifel daran, dass ein starkes Interagieren in Gruppendiskussionen als wichtig erachtet wird. Die forscherische Zielsetzung ist dabei aber typischerweise auf die Rekonstruktion von in Realgruppen kollektiv geteilten Sinnstrukturen begrenzt.

(2) So wie die Spontanität von Beiträgen oft als ihre Voraussetzung angesehen wird, gilt eine hohe Interaktivität als Hinweis auf latente Sinngehalte. Interaktivität und Spontanität werden dabei oft als parallele, einander bedingende Erscheinungen angesehen. Wie wir an anderer Stelle verdeutlicht haben (Ullrich/Schiek 2014), kann Spontanität mit einer hohen Interaktivität einhergehen und diese damit anzeigen. Ein zwingender Zusammenhang besteht indes nicht. Zumindest ist gut vorstellbar, dass Beiträge in einer Gruppendiskussion, die eher den Charakter eines Gruppeninterviews hat, zwar sehr spontan geäußert werden, aber fast ausschließlich auf Fragen der Moderation reagieren und somit keineswegs Zeichen einer hohen Interaktivität der Diskussion sind.

So wenig wie Spontanität zwangsläufig zu einer hohen Interaktionsdichte führt, so wenig schließen sich auf der anderen Seite Reflektiertheit und Interaktivität aus. Zwar wird man bei asynchron-schriftlichen Beiträgen keine Interaktionsdichte in Form schneller Sprecherwechsel feststellen können; versteht man Interaktivität dagegen als Intensität der wechselseitigen Bezugnahme, zeigt sich ein womöglich ganz

https://doi.org/10.1515/9783110665987-005

anderes Bild: Ein Mindestmaß an Reflektiertheit ist dann eine notwendige Voraussetzung für Interaktivität, während spontane Redebeiträge eigentlich immer nur auf die unmittelbar vorhergehenden „turns" reagieren können (sonst wären sie nicht mehr spontan).

(3) Im Fall von Forumsdiskussionen ermöglicht die schriftlich-asynchrone Form der Kommunikation – das dadurch bedingte Wegfallen eines unmittelbaren Handlungsdrucks – also nicht nur mehr Reflektiertheit, sondern auch, sich häufiger und ausführlicher auf die Beiträge anderer Teilnehmer/-innen zu beziehen als dies in Face-to-Face-Situationen auch nur vorstellbar wäre.[1] Darüber hinaus sind auch Bezugnahmen auf ältere Beiträge deutlich erleichtert, die face to face infolge der unausweichlichen zeitlichen Linearität allzu oft „untergehen" (bzw. vom Erinnerungs- und Beharrungsvermögen einzelner Teilnehmer/-innen oder einer aufmerksamen Moderation abhängen).

Im Folgenden soll davon ausgegangen werden, dass sich weniger durch Spontanität als durch (hohe) Interaktivität soziale Sinngehalte manifestieren können, die für die einzelnen Teilnehmer/-innen nicht greifbar, latent sind. Durch wechselseitiges Stimulieren (Fragen bzw. Diskussionsbeiträge) werden die Teilnehmer/-innen dabei immer wieder zu neuen Äußerungen und weiteren Explikationen ihrer Äußerungen angeregt.

Erst durch diese „Ausdehnung" einerseits und „Verdichtung" des Datenmaterials im gemeinsamen Dialog andererseits werden soziale Deutungsmuster und Handlungsorientierungen sicht- und rekonstruierbar. Es geht dabei nicht darum, im Sinne einer „Hermeneutik des Verdachts" durch spontane Äußerungen und eine entsprechend starke Diskussionsdynamik zu latenten Sinnebenen vorzudringen[2], sondern um gemeinsame „(Re-)Konstruktionsarbeit" der Teilnehmer/-innen einer Gruppendiskussion, die mehr oder weniger stark durch Fragen der Moderator/-innen unterstützt und angeregt wird. In einem solchen Verständnis als gemeinsame Rekonstruktion sozialer Sinngehalte kommt der Interaktivität von Gruppendiskussionen – die hier vor allem als wechselseitige Bezugnahmen der Teilnehmer/-innen auf die Beiträge anderer Teilnehmer/-innen gefasst werden soll – in unserer Sicht eine weit größere Bedeutung zu als den beiden zuvor untersuchten Merkmalen von Forums- bzw. Gruppendiskussionen.

---

1 Allgemein zur Interaktivität von Internetkommunikation vgl. Rafaeli/Ariel (2010).

2 Spontane Äußerungen (bzw. Anregungen dazu) können vielleicht Zugang zum individuell Latenten ermöglichen, nicht dagegen zum kollektiv Latenten. Dieses lässt sich nur über Kontrastierungen oder eben über die Analyse von Interaktivität(en) rekonstruieren.

5.2 Zur Interaktivität von Forumsdiskussionen

(1) Für die methodologische Einordnung von Forumsdiskussionen ist zu untersuchen, ob und in welcher Form eine Diskussion interaktiv erfolgt; und das heißt vor allem, wie sehr die zeitlich meist nicht unmittelbar aufeinander folgenden Beiträge sinnhaft aufeinander bezogen sind. Zentraler Indikator für die Interaktivität von Gruppendiskussionen ist nach unserem Verständnis also der Grad, in dem sich Beiträge erkennbar auf die anderer Teilnehmer/-innen beziehen. Je häufiger diese Bezüge sind, desto höher ist (ceteris paribus) die Interaktivität der Gruppendiskussion in einem Webforum. Als Gegenanzeigen einer hohen Interaktivität müssen dagegen Beiträge gelten, die überwiegend monologisch-selbstbezüglich oder nur Antworten auf Moderationsstimuli sind (moderationsbezogen).

Weiter kann davon ausgegangen werden, dass nicht nur in der Anzahl der Bezugnahmen auf Beiträge anderer Teilnehmer/-innen, sondern auch in deren Streuung ein Zeichen für die Interaktivität einer Diskussion zu sehen ist. Streuung meint hier, auf wie viele Beiträge wie vieler Teilnehmer/-innen sich die Bezugnahmen verteilen. Grundsätzlich gilt dabei: Eine größere Streuung ist ein Hinweis auf eine höhere Interaktivität, während in einer stärkeren Fokussierung auf einzelne Teilnehmer/-innen oder Beiträge ein Zeichen geringerer Interaktivität der Diskussionsgruppe zu sehen ist, evtl. auch einer Subgruppenbildung.

Die Interaktivität einer Gruppendiskussion lässt sich aber nicht allein aus den wechselseitigen Bezugnahmen erschließen, wenn diese als „Eckdaten" für eine realistische Einschätzung auch sicher wichtig sind. So verrät die Zahl der Bezugnahmen noch nichts darüber, ob bzw. in welchem Maße die Teilnehmer/-innen bei ihren Bezugnahmen tatsächlich auf die „zitierten" Beiträge anderer Teilnehmer/-innen eingehen (und nicht nur einfache Bestätigungen oder Kommentare sind). Wie interaktiv eine Diskussion tatsächlich ist, lässt sich daher nur interpretativ beurteilen, nämlich anhand einer Analyse, wie sehr sich die Teilnehmer/-innen tatsächlich mit den Erzählungen und Argumenten anderer Teilnehmer/-innen auseinandersetzen und sich in ihren eigenen Ausführungen auch inhaltlich auf diese beziehen. Je stärker dies der Fall ist, als desto interaktiver kann die Gruppendiskussion gelten.

(2) Vor der Analyse dieser unterschiedlichen Aspekte von Teilnehmerbezügen, soll jedoch zunächst die *allgemeine Teilnehmeraktivität* betrachtet werden, mit der hier die Zahl der aktiven, sich durch eigene Beiträge an der Diskussion beteiligenden Teilnehmer/-innen gemeint ist. Denn diese kann zum einen selbst als, wenn auch sehr grober, Indikator von Interaktivität gelten: Da kein Zwang zum Verfassen zu Beiträgen bestand (vgl. Abschnitt 2.3), kann bereits eine hohe Teilnahmeaktivität als Interaktivität aufgefasst werden (vor allem aber eine geringe Zahl aktiver Teilnehmer/-innen als geringe oder nicht vorhandene Interaktivität).

Noch mehr ist die Zahl der aktiven Teilnehmer/-innen aber eine Voraussetzung für eine an wechselseitigen Bezugnahmen abgelesenen Interaktivität. Denn nur wenn eine hinreichende Zahl der Teilnehmer/-innen bereit ist, sich auch aktiv durch eigene Beiträge in die Diskussion einzubringen, besteht überhaupt erst die Möglichkeit, dass Teilnehmer/-innen häufiger oder gar regelmäßig auf die Beiträge anderer Teilnehmer/-innen eingehen.[3]

Der Anteil aktiver an allen Teilnehmer/-innen unterscheidet sich nach den einzelnen Gruppen recht deutlich (vgl. Tabelle 5.1): Er variiert vor allem sehr stark mit der Moderationsart und bewegt sich zwischen 57,5 % bei den leitfadenmoderierten Gruppen und 76,3 % bei den non-direktiv moderierten. Aber auch die Gruppengröße – der Anteil aktiver Teilnehmer/-innen ist bei den kleineren Gruppen deutlich höher (leitfadenmoderierte Gruppen: 70,0 %) – und andere Merkmale des Settings wirken sich erkennbar auf den Aktivitätsgrad der Teilnehmer/-innen aus. Der höchste Anteil aktiver Teilnehmer/-innen ist dabei bei non-direktiv intensiver Moderation zu finden, insbesondere bei den Gruppen mit einer Face-to-Face-Vorstellungsrunde, in denen sich 9 von 10 der Teilnehmer/-innen aktiv an der Diskussion beteiligten.

Ein sehr ähnliches Bild ergibt die Anzahl der Beiträge pro Gruppe (s. Tabelle 4.2): Hier sind die Unterschiede nach grundlegender Moderationsart allerdings eher moderat (leitfadenmoderiert: 47,17 Beiträge; non-direktiv moderiert: 52,75 Beiträge pro Gruppe). Deutlich größer scheint der Einfluss anderer Settingfaktoren. So kommen die Gruppen mit Face-to-Face-Vorstellung auf immerhin 82,5 Beiträge (pro Gruppe), während in den Gruppen, die non-direkt zurückhaltend moderiert wurden, durchschnittlich nur 27 Beiträge „gepostet" wurden. Dagegen führt eine längere Diskussionsdauer nicht zu mehr Beiträgen.

Eine höhere Zahl von Beiträgen ist dabei nicht allein auf eine höhere Zahl aktiver Teilnehmer/-innen zurückzuführen. Denn auch hinsichtlich des Aktivitätsgrads der aktiven Teilnehmer/-innen unterscheiden sich die untersuchten Diskussionsgruppen (vgl. Tabelle 5.1). Die wichtigste Einflussgröße ist hier erneut die Moderationsart: So „posten" die aktiven Teilnehmer/-innen in den leitfadenmoderierten Gruppen durchschnittlich etwas mehr als drei Beiträge, während die aktiven Teilnehmer/-innen der non-direktiv moderierten Gruppen auf fast die doppelte Anzahl (5,94) kommen. Wenn sich die Teilnehmer/-innen vor Beginn der Forumsdiskussionen an einem Face-to-Face-Termin kennengelernt hatten, ist die Zahl der verfassten Beiträge noch einmal deutlich höher (8,68).

Sofern man also die Zahl aktiver Teilnehmer/-innen und deren Aktivitätsgrad (Beiträge pro aktivem/-r Teilnehmer/-in) als Hinweis auf die Interaktivität von Gruppendiskussionen betrachtet, zeigen sich hier zwischen den unterschiedlichen Settings der Forumsdiskussionen zum Teil doch sehr deutliche Unterschiede. Diese lassen sich leicht dahingehend verstehen, dass Maßnahmen zur Erhöhung des Commitments der Teilnehmer/-innen sich in hohem Maße auf deren Beteiligung und

---

3 Auch hier ist der Negativfall offensichtlicher: Werden kaum Beiträge verfasst, bestehen entsprechend wenige Möglichkeiten, sich auf andere Beiträge oder Teilnehmer/-innen zu beziehen. Es ist zu vermuten, dass es dabei so etwas wie eine „kritische Masse" gibt.

Tab. 5.1: Beiträge, Teilnehmerbezugnahmen und Teilnehmeraktivität – Vergleich leitfaden- und non-direktiv moderierter Forumsdiskussionen (Quelle: eigene Darstellung)

	Beiträge	Bezugnahmen auf andere TN	TN-Bezüge pro Beitrag	aktive TN	Anteil aktiver TN	Beiträge pro aktive TN	TN-Bezugnahmen pro aktive TN
Leitfadenmoderierte Gruppen (12)	566	130	23,0 %	177	57,5 %	3,20	0,73
Leitfadenmoderiert: kleine Gruppen (6)	237	54	22,4 %	63	70,0 %	3,76	0,86
Non-direktiv moderierte Gruppen (8)	422	81	19,2 %	71	76,3 %	5,94	1,14
Non-direktiv-zurückhaltend (2)	54	11	20,4 %	16	66,7 %	3,37	0,69
Non-direktiv-intensiv: alle (6)	368	70	8,2 %	55	79,7 %	6,69	1,27
Non-direktiv-intensiv mit Ftf-Vorstellung (2)	165	40	24,2 %	19	90,5 %	8,68	2,11
Non-direktiv-intensiv ohne Ftf-Vorstellung (4)	203	30	5,4 %	36	75,0 %	5,64	0,83

damit auf die Interaktivität bzw. das Interaktivitätspotenzial der Diskussionsgruppen auswirken. Die Gestaltung der Forumsdiskussionen und die Moderation haben also einen erheblichen Einfluss auf diesen Aspekt von Interaktivität.

Eine hohe Beteiligung kann allerdings auch dazu führen, dass die Zahl der Bezugnahmen pro Beitrag sinkt (s. u.). Dies ist allerdings nur bei einigen Gruppen der Fall und auch nur in einem eher geringen Maße. Grundsätzlich ist dagegen festzustellen, dass mehr aktive Teilnehmer/-innen (und mehr Beiträge) sowohl absolut als auch relativ zu mehr Bezugnahmen auf die Beiträge anderer Teilnehmer/-innen führen.

(3) Wechselseitige Bezugnahmen sind der vermutlich wichtigste Aspekt der Interaktivität von Gruppendiskussionen. Grundsätzlich können bezugslose, moderationsbezogene, teilnehmerbezogene und diskussionsbezogene Beiträge unterschieden werden (s. Tabelle 5.2).

Tab. 5.2: Bezugnahmeformen in Gruppen- und Forumsdiskussionen (Quelle: eigene Darstellung)

Formen von Bezugsnahmen	Erscheinungsbild
bezugslose Beiträge	Monologe von Teilnehmer/-innen; Meta- und Off-Topic-Beiträge → Gefahr, dass keine Diskussion entsteht
moderationsbezogene Beiträge	Beiträge beziehen sich ausschließlich auf die Fragen/Stimuli der Moderation → Gefahr eines Abdriftens in Einzel- oder Gruppeninterviews (evtl. „neben" der Diskussion)
teilnehmerbezogene Beiträge	Beiträge beziehen sich erkennbar (z. B. durch Zitation) auf einen oder mehrere Beiträge anderer Teilnehmer/-innen
diskussionsbezogene Beiträge	Beiträge beziehen sich in allgemeiner Form, aber erkennbar auf die laufende Diskussion

Beiträge können als *„bezugslos"* gelten, wenn kein Bezug zu anderen Beiträgen oder der Gesamtdiskussion zu erkennen ist. Die Verfasser/-innen „monologisieren" dabei gewissermaßen vor sich hin und ihre Beiträge wirken – in Forumsdiskussionen allerdings weit weniger auffallend und störend – wie Fremdkörper im Diskussionsverlauf. Solche Beiträge können, müssen aber keineswegs „off topic" sein. Bezugslose (oder nur „selbstbezügliche") Beiträge sind in den untersuchten Forumsdiskussionen überaus selten. Meist handelt es sich dabei um technische und metakommunikative Fragen der Teilnehmer/-innen, die nicht als Teil der Gruppendiskussion gelten können. Nur in Einzelfällen waren individuelle „Statements" ohne (nachvollziehbaren) Bezug zum Diskussionsthema zu beobachten.

Moderationsbezogen sind dagegen Beiträge, die ausschließlich auf Fragen, Anregungen etc. der Moderation reagieren. Eine solche Reaktion ist als Einstieg in die Diskussion erwünscht und insofern unproblematisch. Problematisch werden Moderationsbezüge erst, wenn einzelne oder alle Teilnehmer/-innen nur oder vornehmlich mit der Moderation „diskutieren". In diesem Fall hätte man es dann mit einem Gruppeninterview zu tun. In den untersuchten Forumsdiskussionen sind Beiträge mit ausschließlichem Moderationsbezug – von den „notwendigen" und „legitimen" Reaktionen auf Moderationsstimuli abgesehen – eher selten, vor allem viel seltener als Bezüge auf andere Teilnehmer/-innen und vor allem als diskussionsbezogene Beiträge.[4]

Grundsätzlich ist aufgrund der technischen Voraussetzungen in Forumsdiskussionen (wie Alokalität, Asynchronität, Multi-Threading) von einer höheren Wahrscheinlichkeit sowohl moderationsbezogener als auch bezugsloser Beiträge auszugehen. Denn diese fallen in anonymen und asynchronen Kommunikationsformen weit weniger auf und sind auch weniger diskussionsstörend als in Face-to-Face-Gruppendiskussionen, die auf einen kontinuierlichen und „eindimensionalen" Diskussionsverlauf angewiesen sind. Insofern scheint es uns umso bemerkenswerter, dass beide Formen in den untersuchten Forumsdiskussionen eher wenig vorkommen.

Als *Teilnehmerbezugnahmen* werden hier direkte (explizite) Bezugnahmen entweder auf identifizierbare Beiträge (anderer Teilnehmer/-innen) oder auf benannte andere Teilnehmer/-innen bezeichnet.[5] Hiervon sind Beiträge zu unterscheiden, die sich klar, aber in allgemeiner Form auf den Diskussionsprozess beziehen (Diskussionsbezugnahmen).

Für die Beurteilung der Interaktivität sind vor allem diese beiden Formen der Bezugnahme bedeutsam, da die wechselseitige Kommunikation der Teilnehmer/-innen das eigentliche Ziel von Gruppendiskussionen ist. Moderationsbezogene und bezugslose Beiträge können demgegenüber als Gegenevidenzen einer gelungenen Gruppendiskussion gelten. Dabei können die direkten Teilnehmerbezugnahmen wiederum als die stärkeren Indikatoren von Interaktivität gelten. Denn diese sind der sicherste Hinweis darauf, dass sich die Verfasser/-innen der Beiträge auch tatsächlich mit den Beiträgen anderer Teilnehmer/-innen auseinandergesetzt haben.

Bei den direkten Bezugnahmen auf einzelne Beiträge oder Teilnehmer/-innen fällt zunächst auf, dass durchschnittlich in etwa jeder fünfte Beitrag eine explizite Teilnehmerbezugnahme aufweist. Die Unterschiede zwischen leitfaden- und non-direktiv moderierten Gruppen sind dabei gering (s. Tabelle 5.1):

- Zunächst ist festzustellen, dass mit der Gruppengröße (nominelle und aktive Teilnehmer/-innen) der Anteil von Beiträgen mit explizitem Teilnehmerbezug sinkt. Obwohl also potenziell mehr Teilnehmer/-innen für Bezugnahmen zur Verfügung stehen, wird seltener von der Möglichkeit einer direkten Bezugnahme Gebrauch gemacht. Evtl. kann dies auf eine größere (wahrgenommene) Anonymität und „Unübersichtlichkeit" der (größeren) Diskussionsgruppen zurückgeführt werden.

---

4 Weniger als 10 % der Beiträge haben einen ausschließlichen Moderationsbezug; explizite Teilnehmerbezüge sind zwei- bis dreimal so häufig. Unterschiede zwischen den unterschiedlich moderierten Gruppen bestehen dabei nicht oder sind marginal (in Relation zu expliziten Teilnehmerbezügen).
5 Eine direkte Bezugnahme kann entweder durch die Zitationsfunktion des Forums erfolgen oder durch explizite Nennung von Beiträgen oder Teilnehmer/-innen, auf die sich der eigene Beitrag bezieht (meist mittels @-Zeichen + Nickname, aber auch durch einfache Nennung wie „Ich stimme meinem Vorredner hier zu").

– Auffällig ist auch, dass zwar die Anzahl der Teilnehmerbezugnahmen erwartungsgemäß mit der Anzahl der Beiträge steigt, dass aber der prozentuale Anteil an Beiträgen mit Teilnehmerbezügen mit steigender Beitragszahl sinkt (insg. und pro aktivem/-r Teilnehmer/-in). Dies bedeutet auch, dass leitfadenmoderierte Gruppen einen höheren prozentualen Anteil expliziter Teilnehmerbezugnahmen haben als non-direktiv moderierte.
– Umgekehrt ist der Anteil von Teilnehmer/-innen, die sich explizit auf andere Teilnehmer/-innen beziehen, bei non-direktiv moderierten Gruppen größer als bei leifadenmoderierten. Dies ist allerdings ausschließlich auf die non-direktiv moderierten Gruppen mit Face-to-Face-Vorstellung zurückzuführen (s. Tabelle 5.1, Zeile 6).

Grundsätzlich lassen diese Ergebnisse auf einen gewissen *Zielkonflikt zwischen Teilnehmeraktivität* (Beitragszahl) *und Interaktivität* (im Sinne expliziter Teilnehmerbezugnahmen) schließen: Umso mehr Beiträge pro Teilnehmer/-in verfasst werden (und umso mehr Beiträge pro Gruppe), umso geringer ist der Anteil explizit teilnehmerbezogener Beiträge. Forumsdiskussionen mit einer hohen Teilnehmeraktivität weisen entsprechend einen prozentual geringeren Anteil an Teilnehmerbezügen auf (obwohl also mehr Beiträge für solche Bezugnahmen zur Verfügung stehen). Die mit der non-direktiven Moderation verknüpfte „Motivationsarbeit" (Feedbacks der Moderation, Vorstellung der Teilnehmer/-innen) führt somit zu mehr Beiträgen (pro Teilnehmer/-in), nicht aber zu einer höheren Interaktivität in der Form direkter Bezugnahmen.

Die wichtige Ausnahme sind hierbei die Forumsdiskussionsgruppen mit Face-to-Face-Vorstellungsrunde. Bei ihnen (und nur bei ihnen) ist der prozentuale Anteil der Beiträge mit Teilnehmerbezugnahmen ähnlich hoch wie bei den leitfadenmoderierten Gruppen (mit einer insgesamt deutlich geringeren Teilnehmeraktivität). Wenn es also gelingt, bei den Teilnehmer/-innen ein höheres Commitment gegenüber der Diskussionsgruppe und dem Forschungsziel zu erzeugen (hierauf zielten die Vorstellungsrunden und die Back-Channel-Aktivitäten der Moderation), kann ein höheres Maß an Interaktivität auch bei einer deutlich höheren Teilnehmeraktivität (höhere Beitragszahl pro Teilnehmer/-in) erreicht werden.

Als *diskussionsbezogen* können alle Beiträge gelten, die keine expliziten Hinweise auf einzelne Beiträge, Teilnehmer/-innen oder die Moderation enthalten, aber einen klaren Bezug zur laufenden Gesamtdiskussion erkennen lassen. Diskussionsbezogene Beiträge sind die deutlich größte Gruppe, wenn man so will: der Normalfall in den durchgeführten Forumsdiskussionen. Denn auch wenn keine expliziten Bezüge vorhanden sind, beziehen sich fast alle Beiträge auf den jeweiligen Diskussionsverlauf. Dies kann in sehr unterschiedlicher Form der Fall sein (als Zustimmung, Ergänzung, Widerspruch usw.), was aber nichts daran ändert, dass sachlich-inhaltliche Bezüge bestehen.

Dieser Befund kann einerseits als erwartbar und selbstverständlich bewertet werden; schließlich haben die Teilnehmer/-innen freiwillig und informiert an den Gruppendiskussionen teilgenommen und insofern war empirisch wie normativ erwartbar, dass sie sich regelkonform verhalten. Andererseits bestehen – und das zeigen Analysen von Webforen und anderen Online-Medien immer wieder – gegenüber Face-to-Face-Situationen weit bessere Möglichkeiten zu abweichendem Verhalten. Denn während face to face sehr gute Monitoring- und Sanktionsmöglichkeiten bestehen, von denen auch sowohl die Leiter/-innen von Gruppendiskussionen (z. B. in Form gezielter Ansprachen einzelner Teilnehmer/-innen) als auch die Teilnehmer/-innen (z. B. durch Zurechtweisungen oder das Ignorieren von Redebeiträgen) wiederholt Gebrauch machen (vgl. u. a. Wolff/Puchta 2007), ist eine solche Pflege der Diskussionskultur (oder Steuerung) bei Forumsdiskussionen ungleich schwieriger. Dies beachtend ist es vielleicht nicht „überraschend", aber eben auch nicht selbstverständlich, dass die Diskussionsbeiträge in Forumsdiskussionen fast durchgehend auf das Diskussionsthema und den Diskussionsverlauf fokussierten.

(4) Für die Einschätzung der Interaktivität von Forumsdiskussionen ist neben der Häufigkeit von Teilnehmerbezugnahmen auch deren *Verteilung* oder Streuung wichtig. Grundsätzlich wird hier davon ausgegangen, dass die Interaktivität höher (oder anders) ist, wenn sich die Teilnehmerbezugnahmen auf viele (unterschiedliche) Beiträge und Teilnehmer/-innen beziehen. Sie ist dagegen geringer, wenn nur einzelne Beiträge oder die Beiträge einzelner Teilnehmer/-innen im Fokus der Gruppendiskussion stehen und sich andere Teilnehmer/-innen vorwiegend auf diese Beiträge (oder Teilnehmer/-innen) beziehen.

Ein erster Blick auf die Verteilung der Teilnehmerbezugnahmen, die nur für die direkten Teilnehmerbezugnahmen untersucht werden konnte, macht bereits deutlich, dass diese relativ breit streuen (s. Tabelle 5.3). So wird im Durchschnitt auf etwa jeden fünften Beitrag Bezug genommen. Deutlich höher ist der Anteil von Teilnehmer/-innen, die mindestens einen Beitrag geschrieben haben, auf den sich andere Teilnehmer/-innen beziehen. Dies ist ungefähr bei der Hälfte der Teilnehmer/-innen der Fall.

Tab. 5.3: Die Verteilung der Teilnehmerbezugnahmen – Vergleich leitfaden- und non-direktiv moderierter Forumsdiskussionen (Quelle: eigene Darstellung)

	Beiträge	TN-Bezug-nahmen	auf Beiträge	auf % der Beiträge	auf wie viele TN	aktive TN	auf % der aktiven TN
Leitfadenmoderierte Gruppen (12)	566	130	126	23,0 %	72	177	40,7 %
Non-direktiv moderierte Gruppen (8)	422	81	75	19,2 %	40	71	56,3 %

Darüber hinaus bestehen Unterschiede zwischen leitfaden- und non-direktiv moderierten Forumsdiskussionen[6]. Der bei den leitfadenmoderierten Gruppen höhere Anteil von Beiträgen, auf die sich andere Teilnehmer/-innen beziehen, kann dabei wesentlich darauf zurückgeführt werden, dass diese Forumsdiskussionen sich zum Teil über einen deutlich längeren Zeitraum erstreckten: Je größer die Dauer der Forumsdiskussionen, desto höher ist der Anteil von Beiträgen, auf die sich andere Teilnehmer/-innen beziehen (können). Es besteht zudem kein Zusammenhang zwischen der Gesamtzahl der Beiträge und der Anzahl der Beiträge, auf die sich bezogen wird: Eine höhere Anzahl von Beiträgen führt also nicht dazu, dass prozentual weniger Beiträge „zitiert" werden. Auch das Multi-Threading hat keinen Einfluss auf die Verteilung der Teilnehmerbezugnahmen.

Dies wie auch, dass Beiträge anderer Teilnehmer/-innen meist nur einmal Gegenstand eines Teilnehmerbezugs sind[7], spricht für eine sehr gleichmäßige Verteilung der wechselseitigen Wahrnehmung und Interaktivität. Es gibt also keine Anzeichen für eine Zentrierung oder Fokussierung der Forumsdiskussionen auf einzelne Beiträge oder (dominante) Teilnehmer/-innen.

(5) Sowohl für die Frage, wie häufig sich Teilnehmer/-innen auf Co-Teilnehmer/-innen beziehen, als auch für die Verteilung bzw. Fokussierung dieser Bezugnahmen, wäre es wünschenswert, die hier berichteten Befunde mit denen für face to face durchgeführte Gruppendiskussionen zu vergleichen. Auch hier können wir dies nur exemplarisch auf der Basis eigenen, älteren Datenmaterials tun. Die folgenden Beobachtungen können daher nur ein erster Einordnungsversuch sein.

Sowohl für die Bezugnahmen als auch für deren Verteilung sind die Unterschiede zwischen unseren Forumsdiskussionen und den von uns zum Vergleich herangezogenen Face-to-Face-Diskussionen sehr auffällig. So weisen Face-to-Face-Diskussionen deutlich mehr Teilnehmerbezüge auf als unsere Forumsdiskussionen (sowohl absolut als auch pro Teilnehmer/-in oder Beitrag). Dies spricht zunächst für eine (erwartet) geringere Interaktivität der Forumsdiskussionen im Vergleich zu Face-to-Face-Gruppendiskussionen. Die häufigeren Bezugnahmen sind aber das Ergebnis der deutlich höheren Zahl von Beiträgen (s. Kapitel 3): So ist der Anteil der Beiträge mit Teilnehmerbezug face to face deutlich geringer als in Forumsdiskussionen. Dass es in Face-to-Face-Gruppendiskussionen zu mehr Teilnehmerbezügen kommt, ist daher also nur eine Folge der höheren Beitragsdichte und kein Ausdruck einer höheren Interaktivität.

Auch die „Streuung" der Teilnehmerbezugnahmen ist in den Forumsdiskussionen deutlich größer als bei den zum Vergleich herangezogenen Face-to-Face-Grup-

---

[6] Innerhalb der non-direktiv moderierten Gruppen sind dagegen keine systematischen Unterschiede erkennbar. D. h. auch, dass weder eine wechselseitige Vorstellung der Teilnehmer/-innen noch eine intensive Betreuung dazu geführt haben, dass die Teilnehmer/-innen sich häufiger direkt auf andere Teilnehmer/-innen beziehen.

[7] Nur auf wenige Beiträge beziehen sich andere Teilnehmer/-innen zweimal oder häufiger. Die größte Anzahl von Teilnehmerbezügen für einen einzelnen Beitrag waren fünf Bezugnahmen.

pendiskussionen; sie werden also deutlich weniger von einzelnen Teilnehmer/-innen dominiert.[8] Auch dies spricht eher für eine hohe Interaktivität von Forumsdiskussionen.

Alles in allem zeigt dieser sicher nur punktuelle Vergleich, dass die Interaktivität (verstanden vor allem als direkte Bezugnahmen auf andere Teilnehmer/-innen und Beiträge sowie als die Verteilung dieser Bezugnahmen) entgegen den Erwartungen in Forumsdiskussionen eher größer ist als in klassischen, face to face durchgeführten Gruppendiskussionen, wenn vielleicht auch weniger augenfällig.

Diese Ergebnisse stehen in einem Widerspruch zu den insgesamt allerdings noch dünnen und sich überwiegend auf Chats beziehenden Befunden experimentell-vergleichender Studien. Diese stellen unisono eine online gegenüber face to face schwächere Gruppendynamik fest, was neben einer geringen Spontanität auch eine wenig ausgeprägte Interaktivität einschließt (vgl. Erdogan 2001; Graffigna/Bosio 2006). So kommen Graffigna und Bosio (2006), die Forumsdiskussionen mit Chats und Face-to-Face-Gruppendiskussionen experimentell verglichen haben, für Forumsdiskussionen zu dem Schluss, dass „participants mainly carry out a sort of reflective monologue" (2006: 70). Wie in anderen experimentellen Studien ist ab er auch hier relativ unklar, wie Interaktivität (bzw. Interaktionsintensität) festgestellt wurde. Die knappen Ausführungen dazu (2006: 65) lassen auf ein engeres, unmittelbares und von Spontanität kaum zu trennendes Verständnis von Interaktivität schließen, als wir es hier zugrunde gelegt haben.

---

8 Dies ist zum Teil sicher auf die größere Teilnehmerzahl der Forumsdiskussionen zurückzuführen. Eine eher hohe Teilnehmerzahl ist allerdings auch nur in Forumsdiskussionen möglich.

6 Textsorten und Textsortenstruktur

6.1 Textsorten als Merkmal qualitativ erzeugten Datenmaterials

(1) So wichtig Selbstläufigkeit, Spontanität, Reflektiertheit und Interaktivität auch sein mögen, sind sie letztlich doch immer „Zwischengrößen", die zwar auf eine bestimmte äußerliche Qualität des Textmaterials verweisen, aber nicht das eigentliche Ziel einer Datenerhebung mittels Gruppendiskussionsverfahren sind. Dieses besteht, allgemein gesprochen, in der Gewinnung oder Erzeugung von Texten (Transkripten von Gruppendiskussionen), die im Sinne der Forschungsinteressen informativ sind und daher Antworten auf die interessierenden Forschungsfragen ermöglichen.

Für Forumsdiskussionen ist entsprechend zu klären, welche Art von Daten unter den spezifischen Bedingungen online durchgeführter Forumsdiskussionen gewonnen wird und ob und wodurch sich diese Daten von denen aus face to face durchgeführten Gruppendiskussionen unterscheiden. Bisher ist bereits deutlich geworden, dass Forumsdiskussionen für andere Zwecke als Face-to-Face-Gruppendiskussionen verwendet werden können (und vielleicht auch sollten). So wurde u. a. argumentiert, dass Beiträge in Forumsdiskussionen sich durch eine eher hohe Reflektiertheit und eine spezifische Form der Interaktivität auszeichnen.

Auch jenseits dieser eher einfachen, „äußerlichen" und noch wenig über die Art der gewonnenen Daten verratenden Merkmale (wie die durchschnittliche Beitragslänge) müssten sich Unterschiede gegenüber Face-to-Face-Gruppendiskussionen zumindest auf einer allgemeinen Ebene auch an der Art der im Forschungsprozess gewonnenen Daten zeigen lassen. Dies soll hier an der Art und Zusammensetzung der in den Diskussionsbeiträgen enthaltenen Textsorten versucht werden.

(2) Ob Textsorten oder gar spezifische Textsorten wie Erzählungen und Argumentationen für die Beurteilung der Qualität von mit Gruppendiskussionen gewonnenen Daten zentrale Kategorien sind, wird sicher unterschiedlich beurteilt. Auch eine empirische Analyse der Textsorten von Forumsdiskussionen kann daher nicht definitiv klären, ob Forumsdiskussionen überhaupt oder für bestimmte Fragestellungen „gutes" Material bereitstellen können. Dies wird weiterhin nur vor dem Hintergrund der Forschungsziele und auf der Basis konkreter Forschungserfahrungen möglich sein.

Eine Textsortenanalyse ermöglicht aber eine zumindest grobe Einschätzung der Datenqualität. Es wird hier also (nur) davon ausgegangen, dass Textsorten und die Textsortenzusammensetzung als wichtige Merkmale zur Charakterisierung und Einordnung von Datenmaterial anzusehen sind, das mittels Gruppendiskussionen gewonnen wird, und dass die „Informationen", die in Gruppen- und Forumsdiskussionen gewonnen werden, gut und sinnvoll anhand der Textsorten[1] (oder Textmuster, Vertextungsmuster) unterschieden werden können.

---

[1] Als Merkmal zur Beschreibung von Texten wird „Textsorte" allerdings sehr unterschiedlich definiert (vgl. u. a. Adamzik 2008; Heinemann 2000). „Textsorte" wird hier in einer spezifischen Weise verwen-

https://doi.org/10.1515/9783110665987-006

(3) Im Folgenden wird daher untersucht, welche Textsorten in den von uns geleiteten Forumsdiskussionen erzeugt wurden und wie sich diese verteilen. Dabei kann zunächst von der Annahme ausgegangen werden, dass Beiträge in Forumsdiskussionen (infolge der zuvor beschriebenen „reflektierten Interaktivität") in größerem Maße (selbst-)reflektierende und erzählerische Anteile aufweisen. Aufgrund des generellen Charakters (Diskussion; Austausch) sollten aber auch Begründungen (bzw. Argumentationen) häufig vorkommen. Wegen der höheren Strukturiertheit der Beiträge (s. Kapitel 4) kann zudem eine gewisse Vielfalt (unterschiedliche Textsorten) und Komplexität (Zusammensetzung der Beiträge aus mehreren Textsorten) vermutet werden.

Umgekehrt sollten vor allem Berichte, Anekdoten und (spontane) Einwürfe und andere kurze Äußerungen seltener vorkommen, da diese durch die mediale Form eines Webforums (Asynchronität, Schriftlichkeit, Netiquette) eher erschwert werden. Dagegen bestehen für Beschreibungen keine spezifischen Erwartungen für Forumsdiskussionen.

6.2 Textsorten und Textsortenzusammensetzung in den Forumsdiskussionen

(1) Die empirische Analyse der in den Forumsdiskussionsbeiträgen auffindbaren Textsorten ist im doppelten Sinne beschränkt: Zum einen verdichtet sie die (konzeptionell) eher unkonturierte Textsortenlandschaft zu den drei Haupttextsorten Argumentation/Begründung[2], Erzählung und Beschreibung. Andere Textsorten wurden wegen ihrer Marginalität – sie kommen in den Forumsdiskussionen nur selten vor – aus der Analyse ausgeklammert (z. B. Bericht, Meinungsäußerung) oder, wenn möglich, den Hauptformen zugeordnet (z. B. Bilanzierung → Erzählung; Erklärung → Beschreibung oder Begründung).

Zum anderen verwenden wir hier einen sehr engen (oder „kleinen") Textsortenbegriff. Unter diesem werden nicht komplette Texte oder Texteinheiten, sondern Texttei-

---

det (in linguistischen Arbeiten werden meist größere oder funktional spezifischere Texteinheiten als Textsorten bezeichnet), die an eine in der qualitativen Sozialforschung verbreitete Begriffsverwendung anknüpft. So ist die Analyse von Textsorten im hier zugrunde gelegten Sinn vor allem vom Narrativen Interview bzw. der Narrationsanalyse (Kallmeyer/Schütze 1977; Schütze 1976) bekannt, findet sich aber z. B. auch bei Interviewmethoden, die den interaktiven Aspekt von Interviews stärker akzentuieren (vgl. u. a. Mey 2000; Ullrich 2019).

2 Wir differenzieren hier nicht weiter zwischen Argumentation und Begründung, zwei Textsorten oder -merkmale, die oft synonym oder alternativ verwendet werden. Bei den meisten als Begründung/Argumentation kodierten Textsequenzen handelt es sich im engeren Sinne um Argumentationen, nämlich um argumentative Auseinandersetzungen mit den Beiträgen anderer Diskussionsteilnehmer/-innen. Begründungen eigener Handlungen und Entscheidungen (also, wenn man so will, im Sinne der Anführung und Erläuterung von Wozu-Motiven für das eigene Handeln) sind demgegenüber selten und können zugleich auch Teil einer Argumentation sein.

le oder Sequenzen gefasst, die eine charakteristische Textsortenart erkennen und sich dadurch von anderen Textteilen (Sequenzen) unterscheiden lassen. Wenn im Folgenden also von „Erzählung", „Beschreibung" usw. als Textsorten die Rede ist, sind damit nur in Ausnahmefällen vollständige „Erzählungen", „Beschreibungen" usw. gemeint, sondern etwas, was man auch als „Erzähltext" oder „Beschreibungsmuster" bezeichnen könnte und meist selbst Teil einer größeren Erzählung, Beschreibung oder Begründung ist.[3]

(2) Hinsichtlich der Häufigkeit und Verteilung der Textsorten zeigt sich zunächst ein für Diskussionsverfahren erwartetes Bild, nämlich dass Argumentationen und Begründungen besonders häufig vorkommen. Knapp die Hälfte aller kodierten Textsorten sind Begründungs- und Argumentationstexte. Umgekehrt bedeutet dies aber auch, dass die Forumsdiskussionen keine reinen „Konflikt- und Argumentationsdialoge" sind, sondern auch einen hohen Anteil von Erzählungen und Beschreibungen aufweisen.

Auffällig ist zudem, dass in den Beiträgen oft mehrere Textsorten verwendet werden, und zwar sowohl der gleichen als auch unterschiedlicher Textsortenarten (also z. B. von Erzählungen und Begründungen). Etwa die Hälfte der von uns untersuchten Beiträge in den Forumsdiskussionen setzen sich aus mehreren Textsorten zusammen (meist zwei oder drei). Sowohl die Komplexität der Textsortenzusammensetzung als auch die Vielfalt der Textsorten nehmen aber mit der Diskussionsdauer ab. Je länger die Forumsdiskussionen andauern, desto kürzer werden die Beiträge und desto mehr bestehen diese vornehmlich aus Argumentationen.

(3) Ein Vergleich der leitfadenmoderierten und der non-direktiven Gruppen zeigt, dass die Unterschiede zwischen den unterschiedlich gestalteten Forumsgruppen eher gering sind. So weisen die leitfadengestützten Forumsdiskussionen zwar einen etwas höheren Anteil von Argumentationen auf, wohingegen das Verhältnis der drei Haupttextsorten bei den non-direktiv moderierten Gruppen etwas ausgeglichener ist. Die Unterschiede sind allerdings gering (auch in non-direktiv moderierten Gruppen sind Argumentationen die häufigste Textsorte). Zudem bestehen größere Unterschiede zwischen den Gruppen eines Moderationstyps, so dass davon auszugehen ist, dass die Form der Moderation keinen Einfluss auf die Häufigkeit und Verteilung von Textsorten in Forumsdiskussionsbeiträgen hat.

Gleiches ist auch für andere Faktoren des Diskussionssettings anzunehmen: So bestehen zwar durchaus Unterschiede zwischen den einzelnen leitfadengestützten Diskussionen (s. Tabelle 6.1), die sich bei der Verteilung der einzelnen Textsorten nicht ganz unwesentlich unterscheiden. Diese Unterschiede sind aber „erratisch" oder las-

---

3 In Ullrich (2019) wird entsprechend zwischen Textsorten (z. B. Erzählung) und Textsortenelementen (z. B. Erzähltext) unterschieden, eine sonst allerdings nicht gebräuchliche Unterscheidung. Eine Textsorte kann sich dabei aus unterschiedlichen Textsortenelementen zusammensetzen (z. B. können Erzählungen neben Erzähltext auch Argumentations- und Beschreibungstexte enthalten).

Tab. 6.1: Leitfadenmoderierte Gruppen – Verteilung der Textsorten (Quelle: eigene Darstellung)

Gruppe	Erzählungen		Beschreibungen		Argumentationen		insg.
	absolut	*in Prozent*	absolut	*in Prozent.*	absolut	*in Prozent*	
1	41	32	17	13	69	54	127
2	14	42	0	0	19	57	33
3	22	42	6	11	24	46	52
4	17	22	21	27	38	50	76
5	38	39	13	13	46	47	97
6	18	19	18	19	56	60	92
7	25	32	22	28	31	39	78
8	50	37	31	22	54	40	135
9	26	27	20	21	48	51	94
10	32	35	12	13	47	51	91
11	26	30	17	20	42	49	85
12	37	39	14	15	42	45	93
alle	346	32	191	18	516	49	1053

Anmerkungen:
1. Bei den ausgewiesenen Werten handelt es sich um Textsequenzen zugeordnete Codes. Einzelne Beiträge in Forumsdiskussionen sind oft mehrfach kodiert; auch einzelne Textsequenzen können mehrfach kodiert sein.
2. Gruppen 1–6: kleinere Gruppen (15 Teilnehmer/-innen); Gruppen 1–3 und 7–9: kürzere Diskussionen, Gruppen 1,4,7 und 10: ohne Multi-Threading (für eine ausführlichere Beschreibung der Gruppen s. Kap. 2).

sen sich zumindest nicht auf die untersuchten Merkmale (Gruppengröße, Dauer der Forumsdiskussionen, Multi-Threading) zurückführen.

(4) Wie unterscheiden sich diese Befunde von der Textsortenzusammensetzung von Face-to-Face-Gruppendiskussionen? Auch hier fehlen entsprechende Untersuchungen aus dem Bereich face to face durchgeführter Gruppendiskussionen; und auch in den bereits zitierten experimentell-vergleichenden Studien wurden die Textsorten von Face-to-Face- und Online-Gruppendiskussionen nicht untersucht. Eine Einschätzung ist daher auch in diesem Fall ausschließlich exemplarisch auf der Basis unseres eigenen Datenmaterials aus Face-to-Face-Gruppendiskussionen möglich.

Dieses zeigt zunächst einen noch etwas höheren Anteil von Argumentationen; mehr als die Hälfte aller analysierten Textsorten wurden dem entsprechenden Code zugeordnet. Trotz dieses (geringen) Unterschieds besteht eher die Gemeinsamkeit, dass auch in Face-to-Face-Gruppendiskussionen Argumentationen häufig vorkommen, ohne die Diskussionen vollständig zu dominieren. Dies bestätig erneut die generelle, aber auch sehr naheliegende Annahme eines gehäuften Auftretens von Argumentationen.

Auffälliger sind die Unterschiede bei den beiden anderen Haupttextsorten: Denn fast alle Nichtargumentationen sind Beschreibungen, die somit deutlich häufiger vorkommen als die fast marginalen Erzähltexte. In den durch mehr und kürzere Beiträge und ein stärkeres Aufeinander-Reagieren geprägten Face-to-Face-Gruppendiskussionen wird also deutlich weniger „erzählt" als in den Forumsdiskussionen.

Beiträge in Face-to-Face-Gruppendiskussionen sind schließlich auch „einseitiger" und setzen sich aus weniger Textsorten zusammen, was sicher wiederum eng damit zusammenhängt, dass die Beiträge kürzer sind. Hier kann vermutet werden, dass komplexe, sich aus mehreren Textsorten zusammensetzende (Rede-)Beiträge in unmittelbaren Face-to-Face-Situationen deutlich schwerer fallen und entsprechend seltener sind. Dies würde verbreiteten, sich an Schriftlichkeit und Asynchronität knüpfenden Erwartungen an eine höhere Differenziert- und Reflektiertheit von Schriftsprache entsprechen (s. Kapitel 4).

Wenn sich diese Befunde weiter bestätigen sollten, haben wir es mit einer ambiguen Situation zu tun: Einerseits spricht der deutlich höhere Anteil von Erzählungen dafür, dass in Forumsdiskussionen auch sprachlich anderes Datenmaterial erzeugt wird als in Face-to-Face-Gruppendiskussionen. Andererseits weist der in beiden Gruppendiskussionstypen hohe, für Diskussionen sicher mehr oder weniger „naturgemäße" Anteil an Argumentationstexten auf eine deutliche Parallelität hin.

Auch wenn der Anteil von Erzähltexten deutlich größer ist als in Face-to-Face-Gruppendiskussionen, ist u. E. nicht davon auszugehen, dass Teilnehmer/-innen in ihren Beiträgen primär selbstbezüglich reflektieren (vgl. dazu bereits 5.2).[4] Denn dagegen sprechen die insgesamt hohen (und deutlich höheren) Anteile von Argumentationen und im Übrigen auch die vielen direkten Bezugnahmen auf andere Teilnehmer/-innen. Vielmehr lässt sich diese Zusammensetzung der Textsorten so verstehen, dass in Forumsdiskussionen gleichermaßen „diskutiert" (argumentative Auseinandersetzung mit anderen Teilnehmer/-innen) *und* (selbst-)reflektierend erzählt wird.

---

4 In früheren Veröffentlichungen haben wir eine ähnliche Vermutung formuliert (vgl. u. a. Ullrich/Schiek 2015), nämlich dass die Teilnehmer/-innen vornehmlich „Selbstgespräche" führen bzw. „öffentlich reflektieren". Die damalige Einschätzung basierte jedoch auf einem anderen Forumsdiskussionssetting (öffentliches Forum; keine Beschränkung der Teilnahme und der Zahl der Teilnehmer/-innen) und wurde zudem mit dem spezifischen Diskussionsthema, das stark zu biografischen Erzählungen anregte, erklärt.

7 Zusammenfassung und Diskussion (methodische und methodologische Schlussfolgerungen)

Die Analyse der Gruppendiskussionsmerkmale in den vorangegangenen Kapiteln (3 bis 6) sollte hinreichend deutlich gemacht haben, dass mit bzw. in Forumsdiskussionen Textdaten gewonnen werden können, die für qualitative Analysen in vielerlei Hinsicht interessant sein können. Gleichzeitig konnten durch den multiperspektivischen Vergleich unterschiedlicher Forumssettings Bedingungen identifiziert werden, die für eine Gewinnung qualitativer Daten besonders förderlich sind.

Die dabei untersuchten Merkmale hatten oft einen wichtigen Einfluss auf die Art und Menge der in Forumsdiskussionen gewonnenen Daten. Dies gilt insbesondere für die in der zweiten Untersuchungsrunde untersuchte non-direktive Moderation und für die Teilnehmer/-innen-motivierende Aktivitäten im Back Channel. Diese Gestaltungsmerkmale von Forumsdiskussionen sind dabei weniger für die Qualität, sondern vor allem für die „Produktivität" der Forumsdiskussionen (im Sinne der Menge des generierten Textmaterials) von Bedeutung. Zugleich wurde deutlich, dass Forumsdiskussionen sich in mehrfacher Hinsicht von anderen Gruppendiskussionsformen unterscheiden. Dabei sind die Beiträge in Forumsdiskussionen weder besser noch schlechter als andere Gruppendiskussionsdaten, sondern einfach anders und daher vermutlich auch für andere Forschungsfragen geeignet als jene, die üblicherweise mit Gruppendiskussionen verfolgt werden.

Nicht für alle untersuchten Merkmale konnten durchgehende Wirkungen nachgewiesen werden. Dies gilt insbesondere für das Multi-Threading durch Teilnehmer/-innen, in schwächerer Form aber auch für andere Merkmale (z. B. die Diskussionsdauer). Selbstkritisch ist anzumerken, dass neben den klar identifizierbaren Einflüssen auch viele nicht erklärte und zumindest mit den hier untersuchten Merkmalen nicht zu erklärende Unterschiede in der „Performanz" der einzelnen Gruppen bestehen. Es ist davon auszugehen, dass Gruppendiskussionen auch immer stark „idiosynkratischen", nicht durch ein „ideales Forumssetting" kontrollierbaren Einflüssen unterliegen. Zu solchen auch experimentell nicht zu kontrollierenden Faktoren gehören vermutlich vor allem sich eigendynamisch verstärkende Gruppenprozesse (Diskussionsdrift, wechselseitiges Abwarten usw.) und die Persönlichkeitsmerkmale einzelner Teilnehmer/-innen (insb. deren Interesse an der Gruppendiskussion, ihr individuelles Engagement und ihr Kommunikationsstil).

https://doi.org/10.1515/9783110665987-007

7.1 Zusammenfassung der zentralen Ergebnisse des Methodenexperiments

Was lässt sich für die untersuchten Merkmale von Diskussionsverläufen – bei allen notwendigen Relativierungen und Vorsicht vor übereilten Schlüssen – für Forumsdiskussionen insgesamt festhalten (vgl. Tabelle 7.1)?

Tab. 7.1: Zusammenfassende Darstellung der zentralen Ergebnisse (Quelle: eigene Darstellung)

	allgemein: Forumsdiskussionen	spezifische Merkmale der Settings
Selbstläufigkeit	– Forumsdiskussionen können sehr selbstläufig sein – Selbstläufigkeit kann durch die Moderation (außerhalb des Forums) aktiv gefördert werden	– Maßnahmen zur Stärkung des Commitments der Teilnehmer/-innen erhöhen die Selbstläufigkeit – höhere Selbstläufigkeit bei kleineren Gruppen und non-direktiver Moderation – kein Einfluss des Multi-Threading
Spontanität	– Beiträge in Forumsdiskussionen sind eher „reflektiert" als „spontan" – forumsspezifische Form von Spontanität	– geringe Unterschiede zwischen den Settings der Forumsdiskussionen
Interaktivität	– hohe Interaktivität (z. B. Teilnehmerbezüge) – besondere, „undynamische" Form von Interaktivität	– geringer Einfluss der Moderationsform – kleine Gruppen und größere Dauer erhöhen die Diskussions(inter)aktivität
Textsorten	– hoher Anteil von Argumentationen und Begründungen – hohe Komplexität (Textsortenzusammensetzung)	– geringe Unterschiede zwischen Settings – entscheidend: allg. Merkmale von Forumsdiskussionen (Schriftlichkeit, Asynchronität)

Hinsichtlich der *Selbstläufigkeit* der Diskussionsverläufe wurde deutlich, dass diese bei den von uns durchgeführten Forumsdiskussionen als eher hoch einzuschätzen ist, sofern man hierfür insbesondere die (recht häufig vorkommenden) Themensetzungen und Threaderöffnungen durch die Teilnehmer/-innen zugrunde legt. Selbstläufigkeit entsteht hier aber nicht oder weniger „von selbst" (nämlich einfach bei einer nicht invasiven, zurückhaltenden Moderation); im Gegenteil zeigen die Ergebnisse der vergleichenden Untersuchung, dass Moderationsaktivitäten jenseits der „eigentlichen Moderation *im* Forum" die Selbstläufigkeit der Diskussionen erhöhen können. Hierbei erwiesen sich vor allem Maßnahmen als nützlich, die das Commitment der Teilnehmer/-innen (gegenüber dem Forschungsprojekt und den anderen Teilnehmer/-innen) stärken. Wie gezeigt (Abschnitt 3.2), gelang dies vor allem durch wechselseitige Face-to-Face-Vorstellungen der Teilnehmer/-innen im Rahmen eines

„Kennenlerntreffens" sowie durch Back-Channel-Aktivitäten parallel zur laufenden Diskussion, die den Teilnehmer/-innen ein positives Feedback vermittelten. Aber auch andere Merkmale des Settings (wie die Gruppengröße und der Moderationsstil) hatten einen erkennbaren Einfluss auf die Selbstläufigkeit der Diskussionen. Entgegen der ursprünglichen Erwartung einer Selbstläufigkeit verstärkenden Wirkung gilt dies allerdings nicht für das Multi-Threading durch Teilnehmer/-innen.

Die Untersuchung von Merkmalen, anhand derer die *Spontanität* der Diskussionsverläufe beurteilt werden kann, hat die Vermutung bestätigt, dass Diskussionsbeiträge in Forumsdiskussionen eher reflektiert und insofern weniger spontan sind als in anderen Gruppendiskussionsformaten (Face-to-Face-Gruppendiskussionen, aber auch Chatdiskussionen). So zeichnen sich die von den Teilnehmer/-innen geposteten Beiträge durch ihre Länge, eine hohe Strukturiertheit und ein Überwiegen konzeptioneller Schriftlichkeit aus. Bei der Diskussion der Ergebnisse (in Abschnitt 4.2) wurde aber auch deutlich, dass der Gegensatz „Spontanität – Reflektiertheit" zu einfach ist und sich beide Merkmale zwar oft, aber nicht zwangsläufig ausschließen. So kann man durchaus eine „forumsdiskussionsspezifische Spontanität" konstatieren, die aber nicht über den insgesamt eher reflektierten Charakter der Forumsdiskussionsbeiträge hinwegtäuschen sollte. Die Bedeutung der unterschiedlichen Forumssettings ist demgegenüber hier eher gering.

Die *Interaktivität* der Diskussionen in den einzelnen Webforen ist insgesamt als hoch einzuschätzen. So konnten in den Forumsbeiträgen zum einen viele Bezugnahmen auf andere Teilnehmer/-innen und Beiträge festgestellt werden; zum anderen wurde auf relativ viele Beiträge unterschiedlicher Teilnehmer/-innen reagiert, sodass keine Diskussionsdominanzen entstanden. Dass die in Forumsdiskussionen bestehende Interaktivität sich in ihrer Erscheinungsform vom „Regelfall" der Face-to-Face-Interaktion unterscheidet, sollte jedenfalls nicht dazu verleiten, die Interaktivität von Forumsdiskussionen zu unterschätzen. Auch für die Interaktivität der Diskussionen erwiesen sich Maßnahmen, die das Commitment der Beteiligten verstärken können, als wirksam. Die Gruppengröße und die Diskussionsdauer wirkten sich zudem auf den allgemeinen Aktivitätsgrad in den Diskussionsgruppen aus und erhöhten so die Chancen auf Interaktivität. Dagegen ist der Einfluss der Moderationsform hier eher gering. Indirekt bedeutet dies, dass sich eine Leitfadenmoderierung nicht abträglich auf die Interaktivität der Gruppendiskussion auswirken muss.

Hinsichtlich der in den Forumsdiskussionen generierten *Textsorten* wurde, wie vermutet, ein hoher Anteil von Begründungs- und Argumentationstexten festgestellt. Auch wenn hier kaum Vergleichsmöglichkeiten bestehen, weil über die in Face-to-Face-Gruppendiskussionen gewonnenen Textsorten kaum etwas bekannt ist, ist die relativ hohe Komplexität (Zusammensetzung aus mehreren Textsorten oder Textsortenelementen) auffällig. Auch wenn dies womöglich zum Teil oder ganz auf die im Vergleich zu Face-to-Face- oder Chatbeiträgen große Beitragslänge zurückgeführt werden kann, ändert das nichts daran, dass in Forumsdiskussionen andere Textsorten wie Erzählungen und Beschreibungen keine Ausnahme sind. Die Unterschiede zwischen Forumsdiskussionen mit unterschiedlichen Settings sind dabei gradueller Art und auch die Spannbreiten innerhalb eines Moderationstyps sind eher groß, ohne dass dies auf die untersuchten Merkmale (z. B. Gruppengröße, Diskussionsdauer) zurückgeführt werden konnte.

7.2 Vergleich mit Face-to-Face-Gruppendiskussionen

Schon bei der Diskussion der einzelnen Merkmale und insbesondere beim Versuch ihrer methodologischen Einordnung bildeten Face-to-Face-Gruppendiskussionen – erklärtermaßen oder unausgesprochen – oft den Vergleichsmaßstab. Dabei wurde immer wieder deutlich, worauf schon eingangs (Kapitel 1) hingewiesen wurde, nämlich dass dies wegen der unterschiedlichen Voraussetzungen nur in Grenzen sinnvoll ist, vor allem aber nicht im Sinn einfacher dichotomisierender Gegenüberstellungen.

So müssen Face-to-Face-Gruppendiskussionen als deutlich *selbstläufiger* als Forumsdiskussionen gelten, sofern man den Anteil an Themensetzungen durch die Teilnehmer/-innen zum Maßstab nimmt. Wie schon im dritten Kapitel verdeutlicht wurde, wäre dies aber ein zu einfaches Verständnis von Selbstläufigkeit. Denn, so wurde argumentiert, die Teilnehmer/-innen von Face-to-Face-Gruppendiskussionen sind infolge der Mündlichkeit (bzw. der dadurch bedingten Nichtfixierung von Diskussionsanreizen, die dann oft unbeachtet bleiben oder schnell wieder vergessen werden) weit mehr als in Forumsdiskussionen gezwungen, Themen neu (und vermutlich auch wiederholt) zu setzen. Häufige Themensetzungen durch Teilnehmer/-innen sind in diesem Verständnis eher eine Folge der Flüchtigkeit mündlicher Kommunikation als ein Ausdruck von Selbstbestimmtheit.

Von einer hohen Zahl von Beiträgen und einer größeren Beitragslänge kann ebenso wenig unmittelbar auf Selbstläufigkeit geschlossen werden. Diese kann vor allem auch durch (massive) Eingriffe und Aufforderungen der Moderation erzeugt werden und wäre dann alles andere als ein Hinweis auf Selbstläufigkeit. Auch dass Forumsdiskussionen, soweit dies überprüft werden konnte, deutlich längere, aber auch deutlich weniger Beiträge generieren als face to face durchgeführte Gruppendiskussionen (was wegen der unterschiedlichen medialen Bedingungen auch naheliegend ist), kann allein weder als Argument für noch gegen eine höhere Selbstläufigkeit herhalten.

Daher sind Forumsdiskussionen auch nicht mehr oder weniger selbstläufig als Face-to-Face-Gruppendiskussionen, sondern entfalten ihre Selbstläufigkeit in anderer Form und unter anderen Voraussetzungen. Diese kann, muss aber nicht gelingen: So wie Face-to-Face-Gruppendiskussionen, auch bei noch so zurückhaltender Moderation, nicht immer selbstläufig sind, können auch Forumsdiskussionen selbstläufig sein (aber sind dies nicht immer), nur dass diese Selbstläufigkeit an anderen Merkmalen abzulesen ist als bei Face-to-Face-Formen.

Ähnlich differenziert ist die *Interaktivität* von Forumsdiskussionen und Face-to-Face-Gruppendiskussionen zu beurteilen. Nur oberflächlich bzw. in dem Maße, wie Interaktivität in die Nähe von Spontanität gerückt wird, sind letztere interaktiver. So können die häufigeren Bezugnahmen in Face-to-Face-Interaktionen wesentlich auf die größere Zahl (kürzerer) Beiträge und eine entsprechend hohe „Beitragsdichte" zurückgeführt werden. Umgekehrt ist die Streuung der Bezugnahmen in den Forumsdiskussionen größer und die Verteilung der Diskussionsanteile insgesamt egalitärer. Es kommt hier daher weniger zu thematischen und personalen Verengungen (oder Fokussierungen) der Diskussion. Ähnlich wie bei der Selbstläufigkeit kann hier also auch von einer „forumsdiskussionsspezifischen" Interaktivität ausgegangen werden.

Klarer sind dagegen die Unterschiede bei der *Spontanität* der Diskussionsbeiträge. Hier besteht eine deutliche Differenz zu Face-to-Face-Gruppendiskussionen, aber auch zu anderen Online-Formaten (insb. Chats). Das war angesichts der medialen Bedingungen (Schriftlichkeit *und* Asynchronität) nicht überraschend. Das wichtigere Resultat der vergleichenden Analysen ist daher sicher auch, dass in Forumsdiskussionen eine eigene, „medienspezifische Form" des Umgangs mit Spontanität und Reflektiertheit besteht.

Hinsichtlich der in den Forumsdiskussionen erzeugten *Textsorten* spricht die Dominanz von Begründungs- und Argumentationstexten zunächst dafür, dass die Unterschiede hier eher gering sind und dass diese Dominanz vor allem auf die Interakti-

Tab. 7.2: Vergleich: Forumsdiskussionen und Face-to-Face-Gruppendiskussionen (Quelle: eigene Darstellung)

	Forumsdiskussionen	Face-to-Face-Gruppendiskussionen
Selbstläufigkeit	– Forumsdiskussionen können sehr selbstläufig sein – Selbstläufigkeit kann aktiv gefördert werden (Erhöhung des Commitments)	– Selbstläufigkeit wird als „natürlich" verstanden und besteht daher „per definitionem" bei non-direktiver Moderation
Spontanität	– Beiträge sind eher „reflektiert" als „spontan" – forumsspezifische Formen von („inszenierter") Spontanität	– hohe Spontanität, die sich auch sprachlich dokumentiert – geringe Reflektiertheit
Interaktivität	– hohe Interaktivität in allen Forumsdiskussionen/Settings – besondere, „undynamische" Form von Interaktivität	– hohe, „kurzfristige" (auf unmittelbar vorhergehende Beiträge bezogene) Interaktivität – eher fokussierte Interaktivität (Dominanz einzelner Teilnehmer/-innen)
Textsorten	– hoher Anteil an Argumentationen und Begründungen – hohe Komplexität (Textsortenzusammensetzung)	– noch höherer Anteil von Argumentationen und Begründungen – geringere Komplexität (Textsortenzusammensetzung)

onslogik von „Diskussionen" zurückzuführen ist (selbst wenn mit diesen eher Erzählungen intendiert werden). Dass die eher längeren Forumsdiskussionsbeiträge sich oft aus mehreren Textsorten zusammensetzen und daher in größerem Umfang auch andere Textsorten enthalten, legt zumindest die Vermutung nahe, dass hier ein Unterschied zu anderen Diskussionsformaten besteht. Um dies genauer beurteilen zu können, müsste aber zunächst mehr über die Textsortenzusammensetzung bei Face-to-Face-Gruppendiskussionen bekannt sein.

7.3 Für welche Forschungsinteressen und -ziele sind Forumsdiskussionen geeignet?

Abschließend soll nun als ein kleiner Ausblick versucht werden, allgemeine methodologische Schlussfolgerungen auf Basis der vorgestellten Ergebnisse der methodenexperimentellen Untersuchung zu formulieren:

Aus der Diskussion der hier untersuchten Merkmale, die zur Charakterisierung von Gruppendiskussionsverläufen sowie zur Beurteilung ihrer Qualität verwendet werden, ist zunächst deutlich hervorgegangen, dass diese bereits auf der konzeptionell-begrifflichen Ebene klarer gefasst werden müssen. Das vielleicht zentrale, über den Kontext von Online- und Forumsdiskussionen hinausweisende Ergebnis unserer Untersuchungen ist daher, dass die „Selbstläufigkeit", „Interaktivität" und „Spontanität/Reflektiertheit" von Gruppendiskussionen einer Präzisierung und Differenzierung bedürfen – und zwar nicht nur, wenn und soweit sie zur Beurteilung „neuer", nicht im Face-to-Face-Kontakt durchgeführter Gruppendiskussionen herangezogen werden, sondern gerade auch in Hinblick auf „klassische" Formen der Gruppendiskussion.[1]

(1) So wurde argumentiert, dass die *Selbstläufigkeit* zwar durchaus als Gütezeichen für Gruppendiskussionen anzusehen ist, weil sie der Gradmesser für die (evtl. zu geringe) Non-Reaktivität dieser Form der Datengewinnung ist. Gleichzeitig wurde aber auch deutlich, dass nur zu oft nicht klar ist, wann Gruppendiskussionen als selbstläufig gelten können (bzw. als wie selbstläufig). Hierfür ist zumindest zwischen organisatorischer Selbststeuerung und inhaltlicher Selbstbestimmtheit zu unterscheiden. Für Forumsdiskussionen konnte zumindest eine inhaltliche Selbstbestimmtheit aufgezeigt werden. In der Face-to-Face-Forschung mit Gruppendiskussionen scheint dagegen häufig keine oder eine als zu gering empfundene Selbstläufigkeit erreicht zu werden, die sich nur zu oft nicht einfach durch eine möglichst zurückhaltende Moderation einzustellen scheint.

---

1 Wie wir an anderer Stelle ausgeführt haben (Schiek/Ullrich 2016), hat die methodische Diskussion von Online-Methoden auch insgesamt dazu geführt, dass lange „vernachlässigte" oder auch „verdrängte" methodologische Fragen nun auch wieder an die etablierten qualitativen Forschungsmethoden herangetragen werden. Dies macht Online-Methoden in einem zusätzlichen Sinne relevant.

Ein solch „naturalistisch verkürztes" Verständnis von Selbstläufigkeit hat sich auch in unseren Forumsdiskussionen als problematisch erwiesen. Diese konnte oft erst durch „motivierende Unterstützung" deutlich erhöht werden. Eine solche aktive Förderung, wenn nicht Herstellung von Selbstläufigkeit mag man als eine contradictio in adiecto empfinden. Auf der anderen Seite scheint die Vorstellung einer „natürlichen Selbstläufigkeit" im doppelten Sinne naiv: zum einen, weil sie sich offensichtlich häufig genug nicht einstellt (was man als „sperriges", forschungsabträgliches, aber eben unabänderliches „empirisches Faktum" hinnehmen könnte); zum anderen aber auch, weil die Vorstellung einer Auslösung „quasi-natürlicher Gespräche" im Rahmen eines Gruppendiskussionssettings logisch nicht haltbar ist. So mögen non-direktiv angeleitete Gruppendiskussionen zwar weniger reaktiv sein als insbesondere Leitfadeninterviews; dennoch sind die in Gruppendiskussionen gewonnenen Daten immer zwangsläufig auch „reaktiv".[2] Es ist daher abzuwägen, ob durch eine (zusätzliche) Gestaltung des Erhebungskontextes die Selbstläufigkeit einer Diskussion (und damit die vermutete Unabhängigkeit von der Erhebungssituation) erhöht werden kann oder nicht.

(2) Klarer methodologisch einzuordnen scheinen uns die Befunde zur *Spontanität* und Reflektiertheit der Forumsdiskussionen. Schon in Abschnitt 4.1 wurden Zweifel an der Wichtigkeit von Spontanität formuliert, vor allem an der oft implizit bleibenden Vorstellung, dass spontane Äußerungen einen privilegierten Zugang zu latenten Sinnbereichen ermöglichen. Andererseits wurde auch deutlich, dass Forumsdiskussionen dort keine gute Alternative sind, wo Spontanität als ein zentrales Gütekriterium für Gruppendiskussionen gilt, auch wenn man eine „forumsspezifische" Spontanität konzediert.

Demgegenüber wurde argumentiert, dass *Reflektiertheit* und eine stärker „austauschorientierte" Diskussion (im Unterschied sowohl zu eher „kontroversen" Diskussionen als auch zu Formen gemeinsamen Erzählens) einen ganz eigenen Zugang zu sozialen Lebenswelten ermöglichen können. So sind keine prinzipiellen Gründe zu erkennen, warum reflektierte Beiträge und eine entsprechende Diskussion, in der die Erfahrungen und Argumente der anderen Teilnehmer/-innen viel stärker wahrgenommen und „beantwortet" werden (vgl. a. Volst 2003), für die qualitative Sozialforschung weniger geeignet sein sollen als spontane, wenn aber sicher auch für andere Forschungsziele.

(3) Auch hinsichtlich des dritten zentralen Merkmals, der *Interaktivität*, ergeben sich klare Hinweise auf die Notwendigkeit einer begrifflich-konzeptionellen Differenzierung. So lässt sich etwa die hier festgestellte, durchaus hohe Interaktivität in Fo-

---

2 In ihrer vergleichenden Analyse unterschiedlicher Face-to-Face-Gruppendiskussionen haben Wolff und Puchta (2007) zudem sehr deutlich gezeigt, wie (sehr) diese u. a. auch mit para- und nonverbalen Signalen gesteuert werden. Es dürfte nur ein gradueller Unterschied sein, ob ein Diskussionsbeitrag durch eine verbale Aufforderung oder z. B. „nur" durch ein freundliches Zunicken seitens der Diskussionsleitung ausgelöst wurde.

rumsdiskussionen leichter fassen, wenn man zwischen Interaktivität und einer hohen Interaktionsdichte unterscheidet. Eine hohe Interaktionsdichte mit schnellen Sprecherwechseln bzw. sich ins Wort fallenden Teilnehmer/-innen (und entsprechenden „Fokussierungsmetaphern") wird man nur in synchronen Gruppendiskussionen finden und vor allem, wenn diese mit Realgruppen durchgeführt werden. Dagegen kann Interaktivität weiter verstanden werden und auch andere Formen wie die eher „reflektierte" in Forumsdiskussionen umfassen, die zwar weit langsamer und weniger auffällig ist, aber durch wechselseitige Bezugnahmen der Teilnehmer/-innen doch erkennbar besteht.

(4) Dass dabei schließlich auch anderes Datenmaterial entsteht, kann hier wegen der fehlenden Vergleichsmöglichkeiten nur sehr tentativ beurteilt werden. Die Analyse der *Textsorten* lässt aber zumindest vermuten, dass in Forumsdiskussionen eher wenig(er?) argumentiert wird, obgleich sich auch hier Argumentationen und Begründungen als die häufigste Textsorte erwiesen. Hierfür sprechen zudem Überlegungen (vgl. Kapitel 1) und Untersuchungen zur Wirkung und den Verwendungsformen und -kontexten von Online-Kommunikation (vgl. u. a. Misoch 2006; Schultz 2001; Walther 1996), die deren Andersartigkeit und andere Funktionalität auf die spezifischen Kommunikationsbedingungen von Online-Medien zurückführen, zu denen auch die Schriftlichkeit gehört.

(5) Dass Forumsdiskussionen und andere Online-Formen von Gruppendiskussionen auch trotz ihrer sichtlichen Stärken oft als defizitär wahrgenommen und für qualitative Forschungsinteressen bestenfalls als „Second best"-Lösungen gehandelt werden, ist zum Teil sicher auch auf die starke Orientierung am „Standard" der Face-to-Face-Interaktion zurückzuführen. Die allgemeinste Schlussfolgerung aus den hier dargelegten Ergebnissen und der Diskussion ihrer methodischen und methodologischen Bedeutung besteht daher auch in der Zurückweisung dieser unhaltbaren „Hintergrundannahme":

Zu *Idealisierungen oder Hypostasierungen von* (nicht institutioneller Alltags-) *Face-to-Face-Kommunikation* besteht kein Anlass; sie sind theoretisch wie methodologisch unbegründet. Dies gilt bereits für die Stilisierung kopräsenter Face-to-Face-Interaktion zum Prototyp von Interaktion schlechthin und zur kommunikativen Norm, wie es in der soziologischen Theorie fast durchgängig zu beobachten ist (vgl. u. a. Knorr Cetina 2012; Meyer 2014; Schultz 2001).[3] Noch mehr muss aber die im Kern

---

3 So wird Interaktion in den unterschiedlichsten theoretischen Modellen meist völlig umstandslos als kopräsente Face-to-Face-Interaktion verstanden (vgl. u. a. Mead 1972; Habermas 1981; Luhmann 1975). Nur selten wird dies, wie bei Goffman (1983: 2 f.), explizit formuliert: „Social interaction can be identified narrowly as that which uniquely transpires in social situations, that is, environments in which two or more individuals are physically in one another's response presence. (Presumably the telephone and the mails provide reduced versions of the primordial real thing)." Als einer der wenigen (klassischen) Ausnahmen kann nach wie vor Simmels (1983) „Exkurs über den schriftlichen Verkehr" gelten.

unbegründete Auffassung zurückgewiesen werden, dass Face-to-Face-Konstellationen (oder besser gar: „natürliche" Gespräche und andere non-direktive Daten) so etwas wie der Goldstandard für eine qualitative Datenerhebung sind.[4]

Auch für Forumsdiskussionen haben die vorgestellten Forschungsergebnisse die bereits eingangs (Kapitel 1) formulierte Vermutung bestätigt, dass diese weniger als Alternativen zu Face-to-Face-Gruppendiskussionen aufzufassen sind, sondern vielmehr eigenständige Zugänge zu sozialen Wirklichkeitsbereichen ermöglichen. In einer – zugegeben groben – Gegenüberstellung mit den Forschungszielen von Gruppendiskussionen in der Tradition Mangolds (1973) und Bohnsacks (2014) lässt sich dies weiter verdeutlichen:

So kann diese „akademische" Form des Einsatzes von Gruppendiskussionen in der qualitativen Sozialforschung (im Unterschied zum vor allem in der angewandten Forschung verbreiteten „focus group research") dadurch charakterisiert werden (vgl. Przyborski/Riegler 2010), dass diese primär mit Realgruppen verwendet werden und zur Rekonstruktion der Orientierungen bzw. Orientierungsmuster, die in diesen sozial existierenden Gruppen (klassisch: Jugendcliquen) bestehen.

Durch ethnomethodologische Ansätze und frühe wissenssoziologische Überlegungen Mannheims (Mannheim 1980) angeregt, hat Bohnsack ein Gruppendiskussionsverfahren und eine Interpretationsform für Gruppendiskussionsverläufe entwickelt, die mittlerweile weit angewendet wird (vgl. u. a. Bohnsack 2014; Bohnsack et al. 2007; Bohnsack et al. 2010; Przyborski 2004; Przyborski/Riegler 2010). Diese Forschungsrichtung ist vor allem an der Erfassung und Rekonstruktion „konjunktiver Erfahrungsräume" (Mannheim) – der von den Mitgliedern einer sozialen Gruppen geteilten Erfahrungen und Deutungen – interessiert und bleibt in ihrem Anwendungsbereich auch weitgehend auf diese „konjunktiven Erfahrungsräume" fokussiert.[5]

Nun gibt es nur wenig Anlass, Forumsdiskussionen für die Erfassung „konjunktiver Erfahrungsräume" einzusetzen. Denn schon die oft benannten Vorteile von Online-Verfahren wie Anonymität, Alokalität und zeitliche Flexibilität bestehen nicht, sobald sich die Teilnehmer/-innen persönlich und unabhängig vom Forschungskontext bekannt sind. Darüber hinaus ließe es sich wohl nur mit experimentellen Anlie-

---

4 Zur schon traditionellen Vernachlässigung schriftlicher Befragungsformen in der qualitativen Sozialforschung vgl. Schiek (2014).

5 Die Existenz eines „konjunktiven Erfahrungsraums" muss dabei plausibel unterstellt werden (können), was nur bei „echten" sozialen Gruppen der Fall ist. Dies stellt eine erhebliche Begrenzung dieses Gruppendiskussionsverfahrens dar, die nur selten explizit gemacht oder gar problematisiert wird. Eine Ausnahme ist hier Mensching (2010, 2017). Ob ihre Strategie zur Anwendung dieses Gruppendiskussionsverfahrens bei nicht-sozialen (künstlichen) Gruppen (bei ihr sind dies Angehörige der Polizei unterschiedlicher Einheiten und Standorte, die in einer definitorischen Erweiterung des „konjunktiven Erfahrungsraums" besteht, tragfähig ist, wird sich erst zeigen müssen.

gen oder ungewöhnlichen „besonderen" Bedingungen begründen, warum für „lokale" soziale Gruppen ein anderes Gruppendiskussionsverfahren als eine Face-to-Face-Diskussion genutzt werden soll.

Ganz anders sieht dies aus, wenn man die ebenfalls von Mannheim (als „Gegenstück" zum konjunktiven) entworfenen „kommunikativen Erfahrungsräume" in den Blick nimmt. Diese, so lassen sich Mannheims Entwürfe wohl extrapolieren, bestehen nicht in gemeinsamen (im Sinne von sozial unmittelbar geteilten) Erfahrungen bzw. gehen aus ihnen hervor, sondern aus Erfahrungen und Deutungen dieser Erfahrungen, die erst kommunikativ (heute würde man eher sagen: diskursiv) als „gemeinsam" hergestellt und erhalten werden müssen, also aus Kollektivitätskonstruktionen. Die Erfassung und Rekonstruktion solcher konstruierten „kommunikativen Erfahrungsräume" stellen u. E. nun einen ausgesprochen geeigneten Forschungsgegenstand für die Verwendung von Forumsdiskussionen dar.

Zum einen können die erwähnten „technischen" Stärken von Forumsdiskussionen[6] hier wirklich produktiv wirken. Denn anders als bei Realgruppen erfordern „kommunikative Erfahrungsräume" die Beteiligung unterschiedlicher, sich unbekannter und räumlich meist weit gestreuter Teilnehmer/-innen, sodass hier die Vorteile einer anonymen und alokalen Diskussion greifbar sind.

Zum anderen scheint uns eine weniger spontane, reflektierte Interaktivität sowohl für die dafür notwendige Struktur und Zusammensetzung der Diskussionsteilnehmer/-innen, die zwar hinsichtlich des vermuteten Erfahrungsraumes homogen (z. B. einer Generation, einem sozialen Milieu oder einer Profession angehören), sich sonst aber fremd sind, als auch für „kommunikative Erfahrungsräume" selbst angemessener. Denn, so unsere Vermutung, „kommunikative Erfahrungsräume" lassen sich nicht, wie vielleicht „konjunktive", in Form von „Stegreifdiskussionen" aktivieren, sondern bedürfen einer eher diskursiv-verständigungsorientierten Form des Interagierens und Sich-Austauschens. Dies wird in Forumsdiskussionen vor allem durch die schriftlich-asynchrone Form der Kommunikation zumindest gefördert.[7]

Diese Überlegungen zur Frage, für welche Forschungsziele Forumsdiskussionen geeignet sein können, sind in Tabelle 7.3. zusammengefasst. Sie werden durch unterschiedliche Beobachtungen und eine Vielzahl von medien-, sprach-, kommunikati-

---

6 Zu diesen Stärken ist auch die schon erwähnte geringere Wahrscheinlichkeit von Beobachtereffekten bei schriftlicher Kommunikation zu zählen (Schu 2001). Eine weitere Besonderheit von online agierenden Gruppen kann in einer stärkeren Aufgabenorientierung gesehen werden, denn deren Teilnehmer/-innen lassen sich weniger als Face-to-Face-Gruppen vom „Rauschen" (etwa dem Erscheinungsbild der Interaktionspartner) beeinflussen (Walther 1996).

7 Womöglich können Forumsdiskussionen darüber hinaus sogar die Beobachtung entsprechender Konstruktionsprozesse ermöglichen, insb. wenn sie „offen" (ohne Teilnahmebeschränkung) und „netzöffentlich" (ohne Lesebeschränkung) gestaltet werden (vgl. dazu a. Ullrich/Schiek 2015).

ons- und sozialwissenschaftlichen Untersuchungen zu den Bedingungen und möglichen Funktionen von Online-Kommunikation gestützt. Dennoch sind sie als präliminar zu verstehen und müssen in und durch empirische Forschungsarbeiten bestätigt, korrigiert oder modifiziert werden.

Tab. 7.3: Forumsdiskussionen und Face-to-Face-Gruppendiskussionen – Erkenntnisziele und Verwendungskontexte (Quelle: eigene Darstellung)

	Forumsdiskussionen	**Face-to-Face-Gruppendiskussionen**
sozialer Wirklichkeitsbereich	kommunikative Erfahrungsräume	konjunktive Erfahrungsräume
Erkenntnisobjekt	soziale Deutungsmuster (eines kommunikativen Erfahrungsraums)	Orientierungen/Orientierungsmuster (eines konjunktiven Erfahrungsraums)
primärer Gruppentyp	homogene, für den Forschungszweck gebildete Gruppen	Realgruppen
typische Merkmale der Diskussionsform	Reflektiertheit; (reflektierte) Interaktivität; relativ egalitäre Beteiligung	Spontanität; fokussierte Interaktionsdichte, dominante Teilnehmer/-innen
Merkmale des Datenmaterials	wenige, lange Beiträge mit „monologisierenden" Anteilen	viele, kurze Beiträge und hoher Anteil „dialogischer" Textsequenzen

A Anhang

A.1 Verteilung der Forumsdiskussionssettings

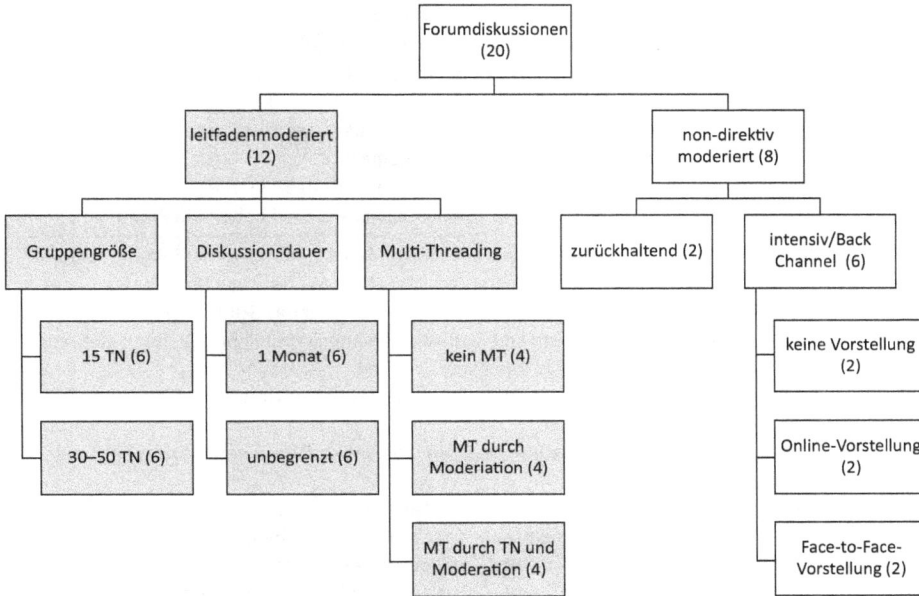

Forumdiskussionen (20)

- leitfadenmoderiert (12)
  - Gruppengröße
    - 15 TN (6)
    - 30–50 TN (6)
  - Diskussionsdauer
    - 1 Monat (6)
    - unbegrenzt (6)
  - Multi-Threading
    - kein MT (4)
    - MT durch Moderation (4)
    - MT durch TN und Moderation (4)
- non-direktiv moderiert (8)
  - zurückhaltend (2)
  - intensiv/Back Channel (6)
    - keine Vorstellung (2)
    - Online-Vorstellung (2)
    - Face-to-Face-Vorstellung (2)

A.2 Teilnehmende Studierende nach Fakultäten (der Universität Duisburg-Essen)

Fakultäten	leitfadenmoderierte Forumsdiskussionen	non-direktiv moderierte Forumsdiskussionen
Bildungswissenschaften	308	15
Geisteswissenschaften		31
Ingenieurwissenschaften		15
Chemie		14
Wirtschaftswissenschaften		10
Medizin		3
Biologie		2
Gesellschaftswissenschaften		2
Mathematik		1
	308	**93**

https://doi.org/10.1515/9783110665987-008

A.3 Leitfadenfragen (nur leitfadenmoderierte Forumsdiskussionen)

Hauptfragen (z. T. als Thread)	weitere Leitfaden-(Nach)Fragen (optionale und immanente)
Eingangsstimulus: Leistung und Erfolg bei Studierenden	– ggf. Neuformulierung des Eingangsstimulus – Was bedeutet Leistung im (in Ihrem) Studium? Wie wird in Ihrem Studium Leistung gemessen und an welchen Kriterien wird Leistung beurteilt? Was denken Sie darüber? – Lohnt es sich, sich im Studium anzustrengen/etwas zu „leisten"? Welche Erfahrungen haben Sie damit gemacht? – Wie beurteilen Sie die Leistungserwartungen in Ihrem Studium? Welche finden Sie gut und angemessen, mit welchen haben Sie Probleme?
Was ist Leistung (eigentlich)?	– Jeder Mensch hat mal eine besondere Leistung erbracht. Wann und wie haben Sie „etwas geleistet"? Erzählen Sie bitte von Ihrer (besten) Leistung. Sie müssen sich dabei nicht auf das Studium beziehen, sondern können auch allgemein davon berichten. Vielleicht fällt Ihnen aber auch ein Bild ein, das Ihre beste Leistung repräsentiert? – Wie wichtig ist Ihnen Leistung und was motiviert oder demotiviert Sie, etwas zu leisten? – Lässt sich Leistung messen? Was denken Sie, woran derzeit Leistung gemessen wird? – Ist es auch eine Leistung, wenn man sich (oder etwas) „gut verkauft"? Wenn also jemand sehr geschickt darin ist, besonders sympathisch und charmant aufzutreten und dadurch evtl. sogar bevorzugt wird? – Was denken Sie über Leistungsverweigerer/-innen und Aussteiger/-innen?
Leistungsprinzip	– Häufig gilt das Leistungsprinzip als ganz zentrale soziale Norm (etwa im Bildungssystem, im Berufsleben und im Sport). Aber was bedeutet „Leistungsprinzip" eigentlich? Erzählen Sie uns, was Sie unter dem Leistungsprinzip verstehen. Vielleicht fallen Ihnen auch eigene Beispiele oder Situationen aus Ihren persönlichen Erfahrungen dazu ein? – Was denken Sie: Ist das Leistungsprinzip gerecht? Warum oder warum nicht? – „Gilt" das Leistungsprinzip wirklich? Wo? Und wo nicht?
Leistung und Erfolg in anderen Bereichen	– Was glauben Sie erwartet die Berufswelt von Absolvent/-innen, was sie nach dem Abschluss können sollen? – Welche Leistungserwartungen/-forderungen gibt es im Beruf? Finden Sie Unterschiede zu den Leistungserwartungen im Studium? – Wenn Sie an Ihre Schulzeit denken, welche Bedeutung hatte dort Leistung, wie wurde Leistung gemessen und beurteilt? Finden Sie, dass es Unterschiede zu anderen Lebensbereichen oder zum Studium gibt? – Wie wichtig sind/waren Ihren Familienmitgliedern Schulnoten? – Wenn Sie selber schon Kinder haben, wie wichtig sind Ihnen die Noten Ihrer Kinder?

Hauptfragen (z. T. als Thread)	weitere Leitfaden-(Nach)Fragen (optionale und immanente)
	– Wie wichtig ist Ihren Eltern, Großeltern oder Geschwistern Leistung? Was haben Sie in Ihrer Kindheit bzw. Schulzeit von Ihren Eltern, Großeltern oder Geschwistern über Leistung vermittelt bekommen?
	– Welche Leistungserwartungen richten Ihre Eltern an Sie? Was sollen Sie erreichen, z. B. im Studium?
	– Spielt Leistung(sbereitschaft) auch in einer Partnerschaft eine Rolle? Haben Sie Leistungserwartungen an Ihre/n Partner/in oder Ihr/e Partner/in an Sie?
	– Ist Leistung und Leistungsbereitschaft auch in einer Freundschaft wichtig? Weshalb?
	– Oft gilt der sportliche Wettkampf als Vorbild für ein faires Leistungsprinzip. Warum eigentlich? Welche Bedeutung haben Leistung und Erfolg im Sport?
	– Was sind Ihre persönlichen Erfahrungen mit dem Leistungsgedanken im Sport? Vielleicht betreiben Sie selber Sport, als Freizeitaktivität oder sogar in einem Verein?
	– Ist ein schöner bzw. attraktiver Körper auch eine Leistung? Wenn man z. B. an Bodyshaping oder Schönheitschirurgie denkt?
	– Ist ein gesunder Körper eine persönliche Leistung, z. B. durch Sport und gute Ernährung?
Leistung und Erfolg (Zusammenhang)	– Gibt es Leistung ohne Erfolg und Erfolg ohne Leistung? Hatten Sie Erfolge, ohne dafür etwas (viel) geleistet zu haben? Können Sie das schildern?
	– Was denken Sie? In welchem Zusammenhang stehen Leistung und Erfolg? Können Sie Veränderungen in dem Verhältnis zwischen Leistung und Erfolg in den letzten Jahren wahrnehmen? Welche wären das?
	– Welche Erfahrungen haben Sie bisher mit dem Scheitern an Leistungserwartungen /-forderung gemacht? Vielleicht auch obwohl Sie viel geleistet haben und trotzdem keinen Erfolg hatten? Wie sind Sie damit umgegangen? Wie haben Ihre Eltern oder Freunde darauf reagiert?
	– Was denken Sie übers Scheitern? Kann man trotz Scheitern erfolgreich werden? Wie z. B. berühmt gewordene Studienabbrecher/-innen zeigen.
	– Was denken Sie über Situationen, die man als langfristiges Scheitern an Leistungserwartungen und Erfolgslosigkeit auslegen könnte? Zum Beispiel Langzeitarbeitslosigkeit und dauerhafte sozialer Ausgrenzung?
	– Wie wichtig ist Leistung für Erfolg? Was führt (sonst) noch zu Erfolg?
Was ist Erfolg?	– Erzählen Sie uns von Ihrem größten Erfolg! Welche Bedeutung hat er für Sie und wie haben Sie ihn erreicht?
	– Kann man Erfolg messen? Wie? Woran erkennt man, ob jemand erfolgreich ist?
Von der Leistungs- zur Erfolgs- gesellschaft?	– Ist unsere Gesellschaft eine Leistungsgesellschaft? Oder zählt nur (noch) der Erfolg, egal worauf dieser beruht?
	– Was denken Sie? Spielt die soziale Herkunft für den Erfolg eine Rolle? Welche wäre das?

Abschlussfrage zur Leistungsgerechtigkeit im Forum

A.4 Auszug aus der Dokumentation einer Forumsdiskussion

- Teilnehmerthread einer non-direktiv moderierten Forumsdiskussion (Gruppe 3)
- Titel: „Konzentrierte Leistung oder Freizeitspaß?"
- Eröffnet am 18.05.16 um 10:37 durch *Becky* [nickname]
- Der Thread wurde bereits 1 Tag vor dem Beitrag der Moderation geöffnet. Ca. 6 Tage nach dem ersten Beitrag der Autorin des Threads. Offenbar wurde die Diskussion bereits selbstständig begonnen, ohne dass die Moderation explizit dazu auffordern musste.

---

1. Beitrag von Kf am 18.05.16 um 18:44

2. Beitrag von Kathi am 18.05.16 um 22:43

    Die Teilnehmerin antwortet zuerst auf die Frage von Becky und stellt sich dann den anderen Gruppenmitgliedern im Startthread vor. Zeit zwischen den Postings: 3 Minuten

3. Beitrag von Uni-Due am 20.05.16 um 14:06

    2 Tage ohne Beitrag

4. Beitrag von MissBellenbaum am 23.05.16 um 11:18

    3 Tage ohne Beitrag

5. Beitrag von Isabel am 24.05.16 um 09.31

6. Beitrag von Moderation am 24.05.16 um 18:09

    immanente Nachfrage: TN schildern ihren Arbeitsalltag, Mod fragt nach, ob die Studs sich stets sehr stark strukturieren müssten und fragt auch nach den Gründen hierfür

    3 Tage ohne Beitrag

7. Beitrag von KF am 27.05.16 um 12:13 (Zitation des ModB)

8. Beitrag von MissBellenbaum am 30.05.16 um 18:40 (beantwortet Frage von Mod)

9. Beitrag von Dbmar16 am 31.05.16 um 11:10 (beantwortet Frage von Mod)

10. Beitrag von NF am 31.05.16 um 13:04 (Zitation Mod)

11. Beitrag von dede am 31.05.16 um 16:13 (beantwortet Frage von Mod)

12. Beitrag von Kathi am 31.05.16 um 17:59 (Zitation Mod)

    Die Beiträge, die seit dem 30.05.16 gepostet wurden, erfolgen alle nach dem Schreiben einer Erinnerungs-E-Mail. Die E-Mail wurde individuell adressiert und enthielt folgenden Inhalt: „Hallo ...., ich glaube ich hatte dir schon mal geschrieben, bin mir aber nicht so sicher (hoffe ich lande nicht im Spamordner, auch wenn ich da vllt. hingehöre XD) Jedenfalls, wollte ich kurz anfragen, wann du mal wieder im Forum vorbeischaust bzw. ob du noch Zeit dafür findest? Ich würde zumindest nur ungern auf deine Teilnahme verzichten :-) Liebe Grüße [Mod-Name]"

13. Beitrag der Moderation am 02.05.16 um 19:21

    2 Tage ohne immanente Nachfrage, nach dem die Diskussion bereits zum zweiten Mal abzureißen drohte (1. Mal nach dem 24.06.16 bis 27.06.16, Forum war 3 Tage ohne Post), da seit dem 31.05.16 keine weiteren Beiträge, auch nicht im parallellaufenden Thread gepostet wurde. Inhalt: Nachdem die Studs die hohe Strukturiertheit ihres Alltags bestätigten, bewundert dies Mod und fragt danach, ob dennoch die Möglichkeit eines „typischen Studentenlebens" bestehe?

    4 Tage ohne Beitrag

14. Beitrag von NF am 06.06.16 um 11.38 (Zitation ModB)

15. Beitrag von MIssBellenbaum am 07.06.16 um 11:29 (Zitation ModB)

16. Beitrag von Moderation am 08.06.16 um 11:18

    Back-Channel-Kontakt: Mod berichtet, dass ihr die Erzählung von MissBelllenbaum über ihre Freundin bekannt vorkommt und verweist darauf, dass dies auch häufig in aktuellen Diskursen thematisiert wird

    6 Tage ohne Beitrag

17. Beitrag von Dbmar16 am 13.06.16 um 12:12 (beantwortet Frage von Mod)

    Postete zuerst einen Beitrag in Thread 3 von Isabell. Zeit zwischen den Beiträgen: 4 Minuten

A.5 Forumsseiten (Screenshots; Beispiele)

A.5.1 Hauptseite des Webforums (2. Untersuchungsrunde; Beginn der Forumsdiskussionen; im Orig. mehrfarbig)

Ihr letzter Besuch: Mi 21. Dez 2016, 17:07

Eigene Beiträge   Ungelesene Beiträge   Neue Beiträge   Benachrichtigungen (1)   Private Nachrichten (1)   Testaccount ▾

UNIVERSITÄT
D U I S B U R G
E S S E N

Leistung und Erfolg bei Studierenden

Ein Forschungsprojekt der Universität Duisburg-Essen, gefördert durch die DFG

Offen im Denken

Leistung und Erfolg   Suche   Unbeantwortete Themen   Aktive Themen   ☰

Gehe zu: Leistung und Erfolg

Wie läuft die Diskussion ab?

Es handelt sich um eine offene Gruppendiskussion, d. h. wir haben keinen festgelegten Fragebogen und keine Antwortvorgaben und sind gespannt, welche Aspekte Sie gemeinsam diskutieren!

Wir (das Forschungsteam) bringen uns nur hin und wieder (z.B. durch Nachfragen) in die Diskussion ein. Dabei werden wir Themen, die Ihnen wichtig scheinen, als Threads eröffnen, um ihnen einen eigenen Raum zu geben.

Wir begrüßen es aber sehr, wenn auch Sie selbst neue Themen eröffnen und auch hierüber die Diskussion selbst gestalten, wenn, wann und wie Sie das wollen.

Die Diskussionen werden 8 Wochen dauern. Damit Sie alle wichtigen Aspekte und Themen einbringen, mitbekommen und mit den anderen erörtern können, sollten Sie etwa 30 Minuten in der Woche einplanen, die Diskussion mehrmals die Woche aufsuchen und das Forum abonnieren.

Vielen Dank für Ihre Teilnahme und viel Vergnügen! :)

Das Forschungsteam

Foren als gelesen markieren

GRUPPENDISKUSSIONEN / ERHEBUNGSBEREICH	STATISTIK	LETZTER BEITRAG
Forum der Gruppe 1 In diesem Forum finden die Gruppendiskussionen der Gruppe 1 statt.	Themen: 9 Beiträge: 76	Re: Leistungsgerechtigkeit im … von **Moderation** ⌕ Mi 6. Jul 2016, 10:43

SUPPORT- UND INFORMATIONSBEREICH FÜR DIE STUDIERENDEN	STATISTIK	LETZTER BEITRAG
Bekanntmachungen und Information Hier werden Ihnen vom Forschungsteam Bekanntmachungen und Informationen gegeben.	Themen: 3 Beiträge: 3	Aufwandsentschädigung ⌕ von **Administration** ⌕ Di 3. Mai 2016, 15:51
Technischer Support für die Studierenden In diesem Forum erhalten Sie technischen Support. Erstellen Sie bei Bedarf einen Thread zu einem spezifischen Thema, zu dem Sie eine Frage oder Anmerkung haben.	Themen: 0 Beiträge: 0	Keine Beiträge

A.5.2 Erläuterung der Forumsregeln

1. **Regeln**

    a. **Über das Forum**

    Hallo und herzlich Willkommen im Forum „Leistung und Erfolg bei Studierenden"!
    Wir freuen uns sehr, dass Sie an unserem Forschungsprojekt teilnehmen und laden Sie dazu ein, mit Ihren
    Kommiliton_innen über die Bedeutung von Leistung und Erfolg im Studium, im Beruf, in der Familie oder auch andere
    Bereiche zu diskutieren. Es handelt sich um offene Gruppendiskussionen, das heißt Sie haben die Möglichkeit, in Ihrer
    Gruppe gemeinsam diejenigen Aspekte ausführlich zu diskutieren, die Ihnen wichtig sind. Wir (das Forschungsteam)
    bringen uns nur hin und wieder (z.B. durch Nach¬fragen) in die Diskussion ein. Bitte beachten Sie, dass Sie, ebenso wie
    wir, die Möglichkeit haben, selbst neue Themen zu eröffnen und auch hierüber die Diskussionsstruktur mitbestimmen
    können, wenn, wann und wie Sie das möchten.

    Die Gruppendiskussionen werden 8 Wochen dauern. Erfahrungsgemäß sollten Sie ungefähr 30 Minuten pro Woche für
    die Diskussion einplanen. Damit Sie alle wichtigen Aspekte und Themen einbringen, mitbekommen und mit den
    anderen erörtern können, sollten Sie sich etwa 30 Minuten pro Woche einplanen, die Diskussion mehrmals die Woche
    aufsuchen und das Forum abonnieren.
    Falls Sie Fragen oder Probleme haben sollten, können Sie sich jederzeit an die Moderator_innen wenden.

    Das Forum ist Teil eines von der Deutschen Forschungsgemeinschaft (DFG) geförderten Forschungsprojektes, in dem
    die Frage nach der Leistungsorientierung von Studierenden untersucht wird. Hierzu werden unterschiedliche Formen
    von Web-Foren eingesetzt. Dadurch sollen auch Erkenntnisse darüber gewonnen werden, wie sich unterschiedlich
    ausgestaltete Web-Foren für Gruppendiskussionen nutzen lassen.
    Wir weisen daraufhin, dass die Teilnahme freiwillig ist, und dass Ihnen durch Nicht-Teilnahme keine Nachteile
    entstehen.
    Die Untersuchung wird unter der Leitung von Prof. Dr. Carsten Ullrich und Dr. Daniela Schiek (Projekt- und Teamseite)
    durchgeführt.

    Die Diskussionen werden in mehreren kleineren Gruppen durchgeführt. Wenn Sie sich in unserem Online-Forum
    registriert haben, werden wir Sie einer Gruppe zuteilen. Es kann etwas dauern, bis eine Gruppen vollständig ist und
    wir die Gruppendiskussionen per E-Mail eröffnen können (vermutlich 1 bis 2 Tage nach der Registrierung). Da wir auch
    unterschiedliche Formen von Forumsdiskussionen untersuchen wollen (s.o.), kann es sein, dass Sie einer Gruppe
    zugewiesen werden, bei der es ein kleines Treffen zum Kennenlernen mit Kaffee und Kuchen geben wird.

    Es handelt sich um ein nicht-öffentliches Forum. Die Teilnehmer_innen sind ausschließlich Studierende der Universität
    Duisburg-Essen, weswegen für die Teilnahme Ihre Uni-E-Mail-Adresse gebraucht wird. Die verschiedenen Foren können
    nur von den jeweiligen Gruppenmitgliedern und den Moderator_innen betreten und eingesehen werden. Eine
    Beobachtung der Diskussionen (lurking) ist weder für Dritte, noch für die Teilnehmer_innen der anderen
    Diskussionsgruppen möglich. #

    b. **Diskussionsregeln**

    Auch in diesem Webforum sind bestimmte Verhaltensregeln einzuhalten. So können wir insbesondere keine Beiträge
    zulassen:

    - die Diskussionsteilnehmer_innen persönlich angreifen oder beleidigen
    - die Hochschulangehörige beleidigen und/oder denunzieren
    - die gruppenbezogen menschenfeindlich sind (Volksverhetzung) oder Links und Dateien mit solchen Inhalten
      enthalten
    - die Persönlichkeits- und Datenschutzrechte anderer Teilnehmer_innen, Hochschulangehöriger oder Dritter
      verletzen (z.B. persönliche Telefonnr., Emailadressen oder Anschriften)
    - zur Werbung und PR für Produkte oder Parteien/politische Organisationen benutzt werden
    - die illegalen Inhalts sind oder auf solche (durch Links oder Dateien) verweisen

    Entsprechende Beiträge werden vom Moderationsteam editiert oder gelöscht. Mehrmalige Verstöße können zum
    Ausschluss aus dem Forum führen.

    Verfassen von Beiträgen

    Bitte beachten Sie:

    - Sie können Ihre eigenen Beiträge innerhalb von 30 Minuten nach Veröffentlichung editieren.
    - Es ist nicht vorgesehen, dass Sie Ihre eigenen Beiträge im Nachhinein löschen. Bitte informieren Sie uns, wenn
      Sie eigene Beiträge gelöscht haben möchten.

c. **Datenspeicherung, Verwendungszweck und Anonymisierung**

Die in den Forumsdiskussionen gesammelten Daten werden zu rein wissenschaftlichen Zwecken verwendet. Die Diskussionsbeiträge werden in offline-Formate kopiert und strikt getrennt von den personenbezogenen (bei der Registrierung notwendigen) Daten gespeichert und ausgewertet. Die Verwendung der Diskussionsbeiträge durch das Forschungsteam erfolgt entsprechend pseudonymisiert. Die offline-Primärdaten werden archiviert und nach zehn Jahren gelöscht; hier wird den Regeln zur Selbstkontrolle in der Wissenschaft gefolgt, wie sie die Deutsche Forschungsgemeinschaft (DFG) empfiehlt. Die erhobenen Daten sollen zusätzlich der Scientific Community zugänglich gemacht werden. Hierfür ist eine Archivierung im Methodenzentrum für Qualitative Bildungsforschung (MzQB) der Universität Duisburg-Essen vorgesehen.
Mit der Registrierung stimmen Sie der Archivierung der Daten zu. Durch den Forschungszweck ergibt sich, dass die Auswertungsergebnisse in wissenschaftlichen Medien publiziert werden. Dies schließt auch eine Zitation von Diskussions-Sequenzen ein. Dies erfolgt unter einem Double-Pseudonym, d.h. das bei der Registrierung gewählte Pseudonym wird nochmals pseudonymisiert.

Trotz des nicht-öffentlichen Charakters des Forums, sollten einige Punkte der „Selbstanonymisierung" beachtet werden:

- Der Nickname sollte so gewählt werden, dass Rückschlüsse auf die eigene Person nicht ohne weiteres möglich ist
- Die Beiträge sollten so verfasst werden, dass Rückschlüsse auf die eigene oder andere (privat bekannte/verwandte) Person(en) nicht ohne weiteres möglich ist/sind.
- Beim Verfassen von Beiträgen sollte an die Möglichkeit des Erkanntwerdens innerhalb der Online-Community gedacht werden. Dies betrifft etwa bestimmte Schreib- und Zeichenverwendungsweisen (individuelle Chat-Sprache usw.), die evtl. persönliche Kennzeichen darstellen, oder die Wiederverwendung von Online-Nicknames.
- Insgesamt und wegen der Datenspuren im Internet (die, was die Hard- und Software der Diskutant_innen angeht, vom Forschungsteam nicht beeinflusst werden können) wird geraten, sich an folgende Faustregel zu halten: Beiträge sollten grundsätzlich so verfasst werden, dass sie ohne Bedenken an eine öffentliche Pinnwand geheftet werden könnten.

A.5.3 Erläuterungen zur Aufwandsentschädigung

Aufwandsentschädigung

Aufwandsentschädigung

Für die Teilnahme am Forschungsprojekt erhalten Sie eine Aufwandsentschädigung in Höhe von 20€. Die Auszahlung erfolgt per Überweisung. Zum diesem Zweck muss eine Nachricht an folgende Email-Adresse gesendet werden:
leistungunderfolg@uni-due.de

Die Nachricht muss:
- Namen
- Anschrift
- und aktuelle Bankdaten (bitte das neue IBAN- und BIC-System beachten)

enthalten, damit die Transaktion ausausgeführt werden kann. Die Aufwandsentschädigung wird an diejenigen User ausgezahlt, die sich in der letzten Woche der Laufzeit mindestens einmal im Forum "Leistung und Erfolg bei Studierenden" eingeloggt haben. Die Auszahlungen werden nach dem Schließen der Diskussionsgruppen durchgeführt.

Bitte achten Sie auch darauf, daß Sie uns die Mail von Ihrem Studierendenaccount (Webmailprogramm der Universität) der Universität schicken, damit der Absender "@stud.uni-due.de lautet". Dies ist für die korrekte und verzögerungsfrei Bearbeitung Ihrer Mails erfordertlich.

Sie haben bis zum 31.07.2016 Zeit, uns Ihre Daten zukommen zulassen.
Sie können mit der Ausszahlung der Aufwandsentschädigung ca. 4-6 Wochen nach Ende der Frist rechnen.

A.5.4 Ausschnitt aus einer laufenden Diskussion (2. Untersuchungsrunde)

Forum der Gruppe 1

Gesperrt 🔒 | Forum durchsuchen... 🔍 ⚙

Themen als gelesen markieren • 9 Themen • Seite 1 von 1

THEMEN	STATISTIK	LETZTER BEITRAG
Leistungsgerechtigkeit im Forum!? von Moderation » Sa 2. Jul 2016, 12:57	Antworten: **7** Zugriffe: **75**	👤 von **Moderation** ⏱ Mi 6. Jul 2016, 10:43
Welche Abstriche müsst ihr machen? von Becky » Fr 1. Jul 2016, 13:15	Antworten: **1** Zugriffe: **21**	👤 von **Kf** ⏱ Fr 1. Jul 2016, 18:52
Für wen studiert ihr? von Isabel » Mo 27. Jun 2016, 07:10	Antworten: **4** Zugriffe: **40**	👤 von **dede** ⏱ Do 30. Jun 2016, 11:10
Unterstützung durch den Professor?! von Dbmar16 » Mo 13. Jun 2016, 12:25	Antworten: **3** Zugriffe: **45**	👤 von **Isabel** ⏱ Mo 27. Jun 2016, 07:07
Wozu dient Leistung und Erfolg? von Isabel » So 5. Jun 2016, 16:44	Antworten: **7** Zugriffe: **73**	👤 von **Kathi** ⏱ Fr 24. Jun 2016, 16:42
Leistung und Erfolg nur in der Uni? von Kf » Di 14. Jun 2016, 21:41	Antworten: **2** Zugriffe: **35**	👤 von **Moderation** ⏱ Di 21. Jun 2016, 18:35
Konzentrierte Leistung oder Freizeitspaß + Leistung? von Becky » Mi 18. Mai 2016, 10:37	Antworten: **18** Zugriffe: **166**	👤 von **Moderation** ⏱ Mo 13. Jun 2016, 12:14
Erfolg ohne Leistung / Leistung ohne Erfolg von Becky » Do 19. Mai 2016, 16:49	Antworten: **14** Zugriffe: **131**	👤 von **Kf** ⏱ So 12. Jun 2016, 11:53
Leistung und Erfolg bei Studierenden von Moderation » Mi 11. Mai 2016, 10:53	Antworten: **11** Zugriffe: **162**	👤 von **Moderation** ⏱ Do 19. Mai 2016, 15:02

Keine ungelesenen Beiträge

Themen der letzten Zeit anzeigen: Alle Themen [v] Sortiere nach Erstellungsdatum [v] Absteigend [v] Los

A.6 Rundschreiben zur Gewinnung von Teilnehmer/-innen (für E-Mail-Verteiler)

Liebe Studierende,

für unser Forschungsprojekt zum Thema „Leistung und Erfolg bei Studierenden" suchen wir motivierte Teilnehmer_innen, die an einer Forumsdiskussion teilnehmen möchten. In dem von der Deutschen Forschungsgemeinschaft (DFG) geförderten Forschungsprojekt, möchten wir die Erfahrungen von Studierenden mit dem Leistungsprinzip untersuchen. Bisher gibt es hierüber kaum empirische Untersuchungen und deswegen brauchen wir Ihre Unterstützung! Es gibt dabei keine richtigen und keine falschen Beiträge, denn uns sind Ihre persönlichen Erfahrungen und Einstellungen zum Thema wichtig. Wir möchten Sie daher dazu einladen, gemeinsam mit Ihren Kommiliton_innen über Leistung und Erfolg im Studium, im Beruf oder in der Familie zu diskutieren und damit einen wichtigen Beitrag für die Forschung zu leisten. Dafür haben wir ein Diskussionsforum eingerichtet, in dem Sie jederzeit von zu Hause oder auch unterwegs an der Diskussion teilnehmen können.

Hier geht es zum Forum!

Für die Teilnahme am Forschungsprojekt erhalten Sie eine Aufwandsentschädigung in Höhe von **20,00 €!**

Das Forschungsprojekt wird an der Fakultät für Bildungswissenschaften der Universität Duisburg-Essen im Institut für Soziale Arbeit und Sozialpolitik unter der Leitung von […] Das Forum wird nur anonymisiert und ausschließlich zu wissenschaftlichen Zwecken verwendet.

Literatur

Adamzik, Kirsten (2008): Textsorten und ihre Beschreibung. In: Nina Janich (Hrsg.): Textlinguistik. 15 Einführungen. Tübingen: Narr. S. 145–175.

Alvarez-Caccamo, Celso; Knoblauch, Hubert (1992): „I was calling you": Communicative Patterns in Leaving a Message on an Answering Machine. Text 12 (4): 473–505.

Bader, Jennifer (2002): Schriftlichkeit und Mündlichkeit in der Chat-Kommunikation. Net.worx Nr. 29. [http://www.mediensprache.net/networx/networx-29.pdf (letzter Aufruf: 28.03 2019).

Beißwenger, Michael (2007): Sprachhandlungskoordination in der Chat-Kommunikation. Berlin: de Gruyter.

Bergmann, Jens (2016): Spezifika der Social Media-Nutzung in Arbeitsorganisationen und Möglichkeiten ihrer empirischen Untersuchung. In: Daniela Schiek; Carsten G. Ullrich (Hrsg.): Qualitative Online-Erhebungen: Voraussetzungen, Möglichkeiten, Grenzen. Wiesbaden: Springer VS. S. 55–84.

Bergmann, Jörg R.; Meier, Christoph (2000): Elektronische Prozessdaten und ihre Analyse. In: Uwe Flick; Ernst von Kardorff; Ines Steinke (Hrsg.): Qualitative Forschung. Ein Handbuch. Reinbek: Rowohlt. S. 429–437.

Biber, Douglas (1988): Variation Across Speech and Writing. Cambridge: UP.

Bloor, Michael; Frankland, Jane; Thomas, Michelle; Robson, Kate (2001): Focus Groups in Social Research. London: Sage.

Bohnsack, Ralf (2014): Rekonstruktive Sozialforschung. Einführung in qualitative Methoden. 9. Aufl. Opladen: B. Budrich.

Bohnsack, Ralf; Nentwig-Gesemann, Iris; Nohl, Arnd-Michael (Hrsg.) (2007): Die dokumentarische Methode und ihre Forschungspraxis. Grundlagen qualitativer Sozialforschung. 2. Aufl. Wiesbaden: VS-Verlag.

Bohnsack, Ralf; Przyborski, Aglaja; Schäffer, Burkhard (Hrsg.) (2010): Das Gruppendiskussionsverfahren in der Forschungspraxis. 2. Aufl. Opladen: B. Budrich.

Chase, Lynne; Alvarez, Jaquelina (2000): Internet Research: The Role of the Focus Group. Library & Information Science Research. 22 (4): 357–369.

Dürscheid, Christa (2003): Medienkommunikation im Kontinuum von Mündlichkeit und Schriftlichkeit. Theoretische und empirische Probleme. Zeitschrift für angewandte Linguistik 38: 37–56.

Dürscheid, Christa (2005): E-Mail: Verändert sie das Schreiben? In: Torsten Siever; Peter Schlobinski; Jens Runkehl (Hrsg.): websprache.net. Sprache und Kommunikation im Internet. Berlin: de Gruyter. S. 85–97.

Erdogan, Gülten (2001): Die Gruppendiskussion als qualitative Datenerhebung im Internet, ein Online-Offline-Vergleich. kommunikation@gesellschaft 2 (Beitrag 5), 14 Seiten [http://www.kommunikation-gesellschaft.de/B5_2001_Erdogan.pdf (letzter Aufruf: 26.03.2019)].

Esser, Hartmut (1996): Die Definition der Situation. Kölner Zeitschrift für Soziologie und Sozialpsychologie 48: 1–34.

Ferri, Beth A. (2000): The Hidden Cost of Difference: Women with Learning Disabilities. Learning Disabilities 10 (3): 129–138.

Früh, Doris (2000): Online-Forschung im Zeichen des Qualitativen Paradigmas. Methodologische Reflexion und empirische Erfahrungen [104 Absätze]. Forum Qualitative Sozialforschung 1 (3), Art. 35 [http://nbn-resolving.de/urn:nbn:de:0114-fqs0003353 (letzter Aufruf: 26.03.2019)].

Gaiser, Ted J. (2008): Online Focus Groups. In: Nigel Fielding; Raymond M. Lee; Grant Blank (Hrsg.): The Sage Handbook of Online Research Methods. London: Sage. S. 290–306.

Gallagher, John R. (2015): Five Strategies Internet Writers Use to „Continue the Conversation". Written Communication 32 (4): 396–425.

https://doi.org/10.1515/9783110665987-009

George, Jennifer M.; Jones, Gareth A. (1997): Organizational Spontaneity in Context. Human Performance 10 (2): 153–170.

Gerhards, Maria; Klingler, Walter; Trump, Thilo (2008): Das Social Web aus Rezipientensicht: Motivation, Nutzung und Nutzertypen. In: Ansgar Zerfaß; Martin Welker; Jan Schmidt (Hrsg.): Kommunikation, Partizipation und Wirkungen im Social Web. Band 1: Grundlagen und Methoden. Köln: Halem. S. 129–149.

Goffman, Erving. (1977): Rahmen-Analyse: ein Versuch über die Organisation von Alltagserfahrungen. 3. Aufl. Frankfurt/M.: Suhrkamp.

Goffman, Erving (1983): The Interaction Order. American Sociological Association, 1982 Presidential Address. American Sociological Review 48 (1): 1–17.

Graffigna, Guendalina; Bosio, A. C. (2006): The Influence of Setting on Findings Produced in Qualitative Health Research. A Comparison between Face-to-Face and Online Discussion Groups about HIV/AIDS. International Journal of Qualitative Methods 5 (3): 55–76.

Graßl, Constanze (2014): Merkmale von Mündlichkeit und Schriftlichkeit in Forenbeiträgen. In: Frieda Berg; Yvonne Mende (Hrsg.): Verstehen und Verständigung in der Interaktion. Analysen von Online-Foren, SMS, Instant Messaging, Video-Clips und Lehrer-Eltern-Gesprächen. Mannheim: Verlag für Gesprächsforschung. S. 5–19.

Gubrium, Jaber F.; Holstein, James A. (1997): The New Language of Qualitative Method. New York: Oxford UP.

Habermas, Jürgen (1981): Theorie des kommunikativen Handelns. Frankfurt/M.: Suhrkamp.

Heinemann, Wolfgang (2000): Textsorte – Textmuster – Texttyp. In: Klaus Brinker et al. (Hrsg.): Text- und Gesprächslinguistik. Ein internationales Handbuch zeitgenössischer Forschung. 1. Halbband. Berlin: de Gruyter. S. 507–523.

Hine, Christine (2000): Virtual Ethnography. London: Sage.

Höflich, Joachim R. (1997): Zwischen massenmedialer und technisch vermittelter interpersonaler Kommunikation. Der Computer als Hybridmedium und was die Menschen damit machen. In: Klaus Beck; Gerhard Vowe (Hrsg.): Computernetze – ein Medium öffentlicher Kommunikation? Berlin: Spiess. S. 85–104.

Jänich, Isabell (2014): Die Darstellung von Affektivität in Instant Messaging-Dialogen. In: Frieda Berg; Yvonne Mende (Hrsg.): Verstehen und Verständigung in der Interaktion. Analysen von Online-Foren, SMS, Instant Messaging, Video-Clips und Lehrer-Eltern-Gesprächen. Mannheim: Verlag für Gesprächsforschung. S. 38–45.

Jones, Rodney (2004): The Problem of Context in Computer-Mediated Communication. In: Philip Le Vine; Ron Scollon (Hrsg.): Discourse and technology: Multimodal Discourse Analysis. Washington, D.C.: Georgetown UP. S. 20–33.

Kallmeyer, Werner; Schütze, Fritz (1977): Zur Konstitution von Kommunikationsschemata der Sachverhaltsdarstellung. In: Dirk Wegner (Hrsg.): Gesprächsanalysen. Hamburg: Buske. S. 159–274.

Kelle, Udo; Tobor, Alexandra; Metje, Brigitte (2009): Qualitative Evaluationsforschung im Internet. Online-Foren als Werkzeuge interpretativer Sozialforschung. In: Nikolaus Jackob; Harald Schoen; Thomas Zerback (Hrsg.): Sozialforschung im Internet. Methodologie und Praxis der Online-Befragung. Wiesbaden: VS-Verlag. S. 181–195.

Kilian, Jörg (2001): T@stentöne. Geschriebene Umgangssprache in computervermittelter Kommunikation. Historisch-kritische Ergänzungen zu einem neuen Feld der linguistischen Forschung. In: Michael Beißwenger (Hrsg.): Chat-Kommunikation. Sprache, Interaktion, Sozialität und Identität in synchroner computervermittelter Kommunikation. Perspektiven auf ein interdisziplinäres Forschungsfeld. Stuttgart: Ibidem. S. 55–78.

Knorr Cetina, Karin (2012): Die synthetische Situation. In: Ruth Ayaß; Christian Meyer (Hrsg.): Sozialität in Slow Motion. Theoretische und empirische Perspektiven. Festschrift für Jörg Bergmann. Wiesbaden: VS Verlag. S. 81–109.

Koch, Peter; Oesterreicher, Wulf (1994): Schriftlichkeit und Sprache. In: Hartmut Günther; Otto Lud-
wig (Hrsg.): Schrift und Schriftlichkeit. Ein interdisziplinäres Handbuch internationaler Forschung. 1. Halbband. Berlin: de Gruyter. S. 587–604.

Koch, Peter; Oesterreicher, Wulf (2008): Mündlichkeit und Schriftlichkeit von Texten. In: Nina Janich
(Hrsg.): Textlinguistik. 15 Einführungen. Tübingen: Narr. S. 199–215.

Kozinets, Robert V. (2010): Netnography: Doing Ethnographic Research Online. London: Sage.

Kühn, Thomas; Koschel, Kay-Volker (2011): Gruppendiskussionen. Ein Praxis-Handbuch. Wiesbaden:
VS-Verlag.

Kutscher, Nadia (2010): Die Rekonstruktion moralischer Orientierungen von Professionellen auf
der Basis von Gruppendiskussionen. In: Ralf Bohnsack; Aglaja Przyborski; Burkhard Schäffer (Hrsg.): Das Gruppendiskussionsverfahren in der Forschungspraxis. Opladen: B. Budrich.
S. 189–201.

Lamnek, Siegfried (2005): Qualitative Sozialforschung. Weinheim: Beltz.

Lee, Raymond M.; Fielding, Nigel; Blank, Grant (2008): The Internet as a Research Medium. In: Nigel
Fielding; Raymond M. Lee; Grant Blank (Hrsg.): The Sage Handbook of Online Research Methods. London: Sage. S. 3–20.

Lincoln, Yvonna S.; Guba, Egon G. (1985): Naturalistic Inquiry. London: Sage.

Loos, Peter; Schäffer, Burkhard (2001): Das Gruppendiskussionsverfahren. Theoretische Grundlagen
und empirische Anwendung. Opladen: Leske + Budrich.

Luhmann, Niklas (1975): Interaktion, Organisation, Gesellschaft. In: Ders.: Soziologische Aufklä-
rung 2. Opladen: Westdeutscher Verlag. S. 9–20.

Mangold, Werner (1973): Gruppendiskussionen. In: René König (Hrsg.): Handbuch der empirischen
Sozialforschung. Band 2. Stuttgart.

Mann, Chris; Stewart, Fiona (2000): Internet Communication and Qualitative Research Online.
A Handbook for Researching Online. London: Sage.

Mannheim, Karl (1980): Strukturen des Denkens. Hrsg. von David Kettler, Volker Meja, Nico Stehr.
Frankfurt/M.: Suhrkamp.

Mead, George Herbert (1972 [1934]): Mind, Self, and Society from the Standpoint of a Social Behav-
iorist. Chicago: University of Chicago Press.

Mensching, Anja (2010): „Goldfasan" versus „Kollege vom höheren Dienst". Zur Rekonstruktion ge-
lebter Hierarchiebeziehungen in der Polizei. In: Ralf Bohnsack; Aglaja Przyborski; Burkhard
Schäffer (Hrsg.): Das Gruppendiskussionsverfahren in der Forschungspraxis. Opladen: B. Budrich. S. 153–167.

Mensching, Anja (2017): Das Gruppendiskussionsverfahren in der Organisationsforschung. Ein Zugang zur Rekonstruktion des Verhältnisses zwischen Regelerwartungen und Regelpraktiken. In:
Steffen Amling; Werner Vogd (Hrsg.): Dokumentarische Organisationsforschung. Perspektiven
der praxeologischen Wissenssoziologie. Opladen: B. Budrich. S. 59–79.

Mey, Günter (2000): Erzählungen in qualitativen Interviews: Konzepte, Probleme, soziale Konstrukti-
on. Sozialer Sinn 1: 135–151.

Meyer, Christian (2014): „Metaphysik der Anwesenheit". Zur Universalitätsfähigkeit soziologischer
Interaktionsbegriffe. In: Bettina Heintz; Hartmann Tyrell (Hrsg.): Interaktion, Organisation, Ge-
sellschaft revisited. Anwendungen, Erweiterungen, Alternativen. Stuttgart: Lucius und Lucius.
S. 312–345.

Misoch, Sabina (2006): Online-Kommunikation. Konstanz: UVK.

Morgan, David L. (1997): Focus Groups as Qualitative Research. 2. Aufl. Thousand Oaks: Sage.

Murray, Peter J. (1997): Using Virtual Focus Groups in Qualitative Research. Qualitative Health Research 7 (4): 542–549.

Pollock, Friedrich (1955): Gruppenexperiment. Ein Studienbericht. Frankfurt: Europäische Verlagsan-
stalt.

Przyborski, Aglaja (2004): Gesprächsanalyse und dokumentarische Methode. Qualitative Auswertung von Gesprächen, Gruppendiskussionen und anderen Diskursen. Wiesbaden: VS-Verlag.

Przyborski, Aglaja; Riegler, Julia (2010): Gruppendiskussion und Fokusgruppe. In: Günter Mey; Katja Mruck (Hrsg.): Handbuch Qualitative Forschung in der Psychologie. Wiesbaden: Springer. S. 436–448.

Przyborski, Aglaja; Wohlrab-Sahr, Monika (2014): Qualitative Sozialforschung. Ein Arbeitsbuch. 4. Aufl. München: Oldenbourg.

Rafaeli, Sheizaf; Ariel, Yaron (2010): Assessing Interactivity in Computer-mediated Research. In: Adam Joinson; Katelyn McKenna; Tom Postmes; Ulf-Dietrich Reips (Hrsg.): The Oxford Handbook of Internet Psychology. Oxford: UP. S. 71–88.

Rauch, Herbert (1983): Partizipation und Leistung in Großgruppen-Sitzungen. Qualitative und quantitative Vergleichsanalyse von 20 Fallstudien zum Sitzungsprozeß entscheidungsfindender Großgruppen. In: Friedhelm Neidhardt (Hrsg.): Gruppensoziologie. Perspektiven und Materialien. Sonderheft 25 der Kölner Zeitschrift für Soziologie und Sozialpsychologie. Opladen: Westdeutscher Verlag. S. 256–274.

Rehm, Georg (2002): Schriftliche Mündlichkeit in der Sprache des World Wide Web. In: Arne Ziegler; Christa Dürscheid (Hrsg.): Kommunikationsform E-Mail. Tübingen: Stauffenburg. S. 263–308.

Ricoeur, Paul (1971): What is a Text? Explanation and Interpretation. In: David M. Rasmussen (Hrsg.): Mythic-Symbolic Language and Philosophical Anthropology A Constructive Interpretation of the Thought of Paul Ricœur. Den Haag: Nijhoff. S. 135–151.

Schäffer, Burkhard (2010): Gruppendiskussionen lehren und lernen. Aspekte einer rekonstruktiven Didaktik qualitativer Forschung. In: Ralf Bohnsack; Aglaja Przyborski; Burkhard Schäffer (Hrsg.): Das Gruppendiskussionsverfahren in der Forschungspraxis. Opladen: B. Budrich. S. 285–299.

Schank, Gerd (1979): Zum Problem der Natürlichkeit von Gesprächen in der Konversationsanalyse. In: Jürgen Dittmann (Hrsg.): Arbeiten zur Konversationsanalyse. Stuttgart: Niemeyer. S. 73–93.

Schiek, Daniela (2014): Das schriftliche Interview in der qualitativen Sozialforschung. Zeitschrift für Soziologie 43 (5): 379–395.

Schiek, Daniela; Ullrich, Carsten G. (2016): Online-Erhebungen: Chancen und Herausforderungen für die interpretative Sozialforschung. Soziologie 45 (2): 161–181.

Schiek, Daniela; Ullrich, Carsten G. (2017): Using Asynchronous Written Online Communications for Qualitative Inquiries: A Research Note. Qualitative Research 17 (5): 589–597.

Schiek, Daniela; Ullrich, Carsten G. (2019): Using Web Forums for Qualitative Inquiries: Empirical Findings on the Conditions and Techniques for Asynchronous Online Group Discussions. The Qualitative Report 24 (13): 5–16.

Schittenhelm, Karin (2010): Statuspassagen zwischen Schule, Ausbildung und Arbeitswelt. Eine Analyse auf der Basis von Gruppendiskussionen. In: Ralf Bohnsack; Aglaja Przyborski; Burkhard Schäffer (Hrsg.): Das Gruppendiskussionsverfahren in der Forschungspraxis. Opladen: B. Budrich. S. 93–107.

Schmidt, Jan (2008): Was ist neu an Social Web? Soziologische und kommunikationswissenschaftliche Grundlagen. In: Ansgar Zerfaß; Martin Welker; Jan Schmidt (Hrsg.): Kommunikation, Partizipation und Wirkungen im Social Web. Band 1: Grundlagen und Methoden. Köln: Halem. S. 18–40.

Schneider, Sid J.; Kerwin, Jeffrey; Frechtling, Joy; Vivari, Benjamin A. (2002): Characteristics of the Discussion in Online and Face-to-Face Focus Groups. Social Science Computer Review 20 (1): 31–42.

Schönfeldt, Juliane (2001): Die Gesprächsorganisation in der Chat-Kommunikation. In: Michael Beißwenger (Hrsg.): Chat-Kommunikation. Stuttgart: Ibidem. S. 25–53.

Schu, Josef (2001): Formen der Elizitation und das Problem der Natürlichkeit von Gesprächen. In: Klaus Brinker et al. (Hrsg.): Text- und Gesprächslinguistik. Ein internationales Handbuch zeitgenössischer Forschung. 2. Halbband. Berlin: de Gruyter. S. 1013–1021.

Schultz, Tanjev (2001): Mediatisierte Verständigung. Zeitschrift für Soziologie 30 (2): 85–102.

Schütze, Fritz (1976): Zur Hervorlockung und Analyse von Erzählungen thematisch relevanter Geschichten im Rahmen soziologischer Feldforschung – dargestellt an einem Projekt zur Erforschung kommunaler Machtstrukturen. In: Arbeitsgruppe Bielefelder Soziologen (Hrsg.): Kommunikative Sozialforschung. München: Fink. S. 159–260.

Simmel, Georg (1983 [1908]): Exkurs über den schriftlichen Verkehr. In: Ders.: Soziologie. Berlin: Duncker & Humblot. S. 287–288.

Stange, Waldemar; Holzmann, Steffi (2009): Großgruppenmethoden. In: Ulrich Deinet (Hrsg.): Methodenbuch sozialraum. Wiesbaden: VS-Verlag. S. 235–266.

Stegbauer, Chistian; Rausch, Alexander (2001): Die schweigende Mehrheit. „Lurker" in internetbasierten Diskussionsforen. Zeitschrift für Soziologie 30 (1): 48–64.

Storrer, Angelika (2001): Getippte Gespräche oder dialogische Texte? Zur kommunikationstheoretischen Einordnung der Chat-Kommunikation. In: Andrea Lehr et al. (Hrsg.): Sprache im Alltag. Beiträge zu neuen Perspektiven in der Linguistik. Berlin: de Gruyter. S. 439–465.

Strauss, Anselm L. (1994): Grundlagen Qualitativer Sozialforschung. München: Fink.

Strauss, Anselm L.; Corbin, Juliet (1990): Basics of Qualitative Research. London: Sage.

Taddicken, Monika; Bund, Kerstin (2010): Ich kommentiere, also bin ich. Community Research am Beispiel des Diskussionsforums der Zeit Online. In: Martin Welker; Carsten Wunsch (Hrsg.): Die Online-Inhaltsanalyse. Forschungsobjekt Internet. Köln: Halem. S. 167–190.

Turney, Lyn; Pocknee, Catherine (2005): Virtual Focus Groups: New Frontiers in Research. International Journal of Qualitative Methods 4 (2): 32–43.

Ullrich, Carsten G. (2019): Das Diskursive Interview. Methodische und methodologische Grundlagen. Wiesbaden: Springer VS.

Ullrich, Carsten G.; Schiek, Daniela (2014): Gruppendiskussionen in Internetforen. Zur Methodologie eines neuen qualitativen Erhebungsinstruments. Kölner Zeitschrift für Soziologie und Sozialpsychologie 66 (3) 2014: 459–474.

Ullrich, Carsten G.; Schiek, Daniela (2015): Forumsdiskussionen im Internet als reaktives Instrument der Datenerhebung. Ein Werkstattbericht. In: Dominique Schirmer; Nadine Sander; Andreas Wenninger (Hrsg.): Die qualitative Analyse internetbasierter Daten. Methodische Herausforderungen und Potenziale von Online-Medien. Wiesbaden: VS. S. 133–159.

Underhill; Christina; Olmsted, Murrey G. (2003): An Experimental Comparison of Computer-Mediated and Face-to-Face Focus Groups. Social Science Computer Review 21 (4): 506–512.

Volst, Angelika (2003): The Focus Is on Me? – Fokusgruppen: Von Face to Face zu Online. Österreichische Zeitschrift für Soziologie 28 (4): 93–118.

Walther, Joseph B. (1996): Computer-Mediated Communication: Impersonal, Interpersonal, and Hyperpersonal Interaction. Communication Research 23: 3–43.

Watzlawick, Paul; Bavelas, Janet B.; Jackson, Don D. (1969): Menschliche Kommunikation. Bern; Huber.

Welker, Martin; Matzat, Uwe (2009): Online-Forschung: Gegenstände, Entwicklung, Institutionalisierung und Ausdifferenzierung eines neuen Forschungszweiges. In: Nikolaus Jackob; Harald Schoen; Thomas Zerback (Hrsg.): Sozialforschung im Internet. Methodologie und Praxis der Online-Befragung. Wiesbaden: VS-Verlag. S. 33–47.

Weller, Wivian (2010): HipHop-Gruppen in São Paulo und Berlin. Ästhetische Praxis und kollektive Orientierungen junger Schwarzer und Migranten. In: Ralf Bohnsack; Aglaja Przyborski; Burkhard Schäffer (Hrsg.): Das Gruppendiskussionsverfahren in der Forschungspraxis. Opladen: B. Budrich. S. 109–122.

Wesemann, Dorette; Grunwald, Martin (2010): Inhaltsanalyse von Online-Diskussionsforen für Betroffene von Essstörungen. In: Martin Welker; Carsten Wunsch (Hrsg.): Die Online-Inhaltsanalyse. Forschungsobjekt Internet: Köln: Halem. S. 387–408.

Wirth, Uwe (2005): Chatten. Plaudern mit anderen Mitteln. In: Torsten Siever; Peter Schlobinski; Jens Runkehl (Hrsg.): websprache.net. Sprache und Kommunikation im Internet. Berlin: de Gruyter. S. 67–84.

Wolff, Stephan; Puchta, Claudia (2007): Realitäten zur Ansicht. Die Gruppendiskussion als Ort der Datenproduktion. Stuttgart: Lucius.

Zerback, Thomas; Schoen, Harald; Jackob, Nikolaus; Schlereth, Stefanie (2009): Zehn Jahre Sozialforschung mit dem Internet. Eine Analyse zur Nutzung von Online-Umfragen in den Sozialwissenschaften. In: Nikolaus Jackob; Harald Schoen; Thomas Zerback (Hrsg.): Sozialforschung im Internet. Methodologie und Praxis der Online-Befragung. Wiesbaden: VS-Verlag. S. 15–31.

Ziegler, Arne (2002): E-Mail – Textsorte oder Kommunikationsform? Eine textlinguistische Annäherung. In: Ders.; Christa Dürscheid (Hrsg.): Kommunikationsform E-Mail. Tübingen: Stauffenburg. S. 9–32.

Stichwortverzeichnis

https://doi.org/10.1515/9783110665987-010

www.ingramcontent.com/pod-product-compliance
Lightning Source LLC
Chambersburg PA
CBHW080134270326
41926CB00021B/4480